U0615328

普通高等学校人文社会科学重点研究基地
KEY RESEARCH INSTITUTE OF HUMANITIES AND SOCIAL SCIENCE IN UNIVERSITY

西南财经大学中国金融研究中心
宏观金融系列丛书

中国银行业系统性
金融风险研究

A Study on the
Systemic Risk
of Chinese Banking Sector

王锦阳　刘锡良 ◎ 著

中国金融出版社

责任编辑：张菊香
责任校对：孙　蕊
责任印制：丁淮宾

图书在版编目（CIP）数据

中国银行业系统性金融风险研究/王锦阳，刘锡良著 . —北京：中国金融出版社，2020. 6
（西南财经大学中国金融研究中心宏观金融系列丛书）
ISBN 978 − 7 − 5220 − 0394 − 8

Ⅰ. ①中⋯　Ⅱ. ①王⋯②刘⋯　Ⅲ. ①银行业—金融风险—研究—中国
Ⅳ. ①F832. 3

中国版本图书馆 CIP 数据核字（2019）第 277309 号

中国银行业系统性金融风险研究
ZHONGGUO YINHANGYE XITONGXING JINRONG FENGXIAN YANJIU

出版
发行　**中国金融出版社**

社址　北京市丰台区益泽路 2 号
市场开发部　（010）66024766，63805472，63439533（传真）
网 上 书 店　http：//www. chinafph. com
　　　　　　（010）66024766，63372837（传真）
读者服务部　（010）66070833，62568380
邮编　100071
经销　新华书店
印刷　保利达印务有限公司
尺寸　169 毫米 ×239 毫米
印张　9. 25
字数　160 千
版次　2020 年 6 月第 1 版
印次　2020 年 6 月第 1 次印刷
定价　36. 00 元
ISBN 978 − 7 − 5220 − 0394 − 8
如出现印装错误本社负责调换　联系电话（010）63263947

致　谢

王锦阳感谢教育部人文社会科学研究青年基金项目"住宅基本价值、泡沫生成机理与中国城市房地产调控政策效果评估"（17YJC790148）、中国博士后科学基金面上资助项目"中国银行业系统性金融风险：生成机理、测度与宏观审慎监管"（2016M590077）、四川省科技计划项目（软科学研究）"税收与中国企业技术创新"（2017ZR0114）、中央高校基本科研业务费专项资金项目（JBK1804012；JBK1805003；JBK170979）和西南财经大学金融安全协同创新中心2018年度项目"中国城市住宅价格泡沫动态、生成机理与调控政策评估"（JRXT201803）等项目的资助。

刘锡良感谢国家社科基金重大招标项目"防范系统性和区域性金融风险研究——基于金融适度分权的视角"（13&ZD030）、西南财经大学一流学科项目"经济结构转型中金融风险与金融安全研究"、四川省社会科学高水平研究团队"四川金融安全研究团队"、教育部基地重大项目"我国金融安全影响机制研究"（17JJD790024）等项目的资助。

摘　要

2008 年爆发的国际金融危机充分地暴露了当前金融监管体系对系统性金融风险监管的缺失,凸显了识别、监测、评估和防范系统性金融风险的重要性。由此,系统性金融风险成为理论界和监管当局普遍关注的焦点问题。近年来,中国政府和中国人民银行等金融监管当局多次强调要"守住不发生系统性金融风险的底线"。中共中央总书记、国家主席习近平在 2017 年 7 月 14—15 日在北京召开的全国金融工作会议上强调,防止发生系统性金融风险是金融工作的永恒主题;要把主动防范化解系统性金融风险放在更加重要的位置,科学防范,早识别、早预警、早发现、早处置,着力防范化解重点领域风险,着力完善金融安全防线和风险应急处置机制。党的十九大报告明确指出,要健全金融监管体系,守住不发生系统性金融风险的底线。2017 年 12 月 18—20 日召开的中央经济工作会议在确定今后 3 年要重点抓好决胜全面建成小康社会的防范化解重大风险、精准脱贫和污染防治三大攻坚战的基础上,强调打好防范化解重大风险攻坚战的重点在于防控金融风险。原中国人民银行货币政策委员会委员李稻葵(2012)认为"中国最大的系统性金融风险在银行"。2013 年6 月,中国商业银行经历了一次前所未有的"钱荒"①,这是中国银行业近年来最突出的系统性金融风险事件。

在对系统性金融风险内涵、生成机理、测度与防范等方面的国内外研究文献进行梳理的基础上,我们遵循"生成机理分析—系统性金融风险测度—后验分析—宏观审慎分析—宏观审慎监管探讨"的逻辑脉络,基于扩展的 CoVaR方法,对中国银行业的系统性金融风险进行了系统研究。本研究总共包含八个章节,各章节的主要研究内容如下:

第一章是绪论。该部分主要介绍本书的选题背景与研究意义、研究内容与思路及主要的创新点与不足之处。

第二章是文献综述。该章从银行等金融机构的视角对系统性金融风险的内

---

① 所谓钱荒,是指融资流动性不足引起的系统性金融风险问题,其主要表现是银行间同业市场的隔夜拆借利率急剧上升。

涵、生成机理、测度与防范等方面的国内外研究成果进行了系统梳理。

第三章是中国银行业系统性金融风险的生成机理分析。该章尝试从经济新常态与经济下行、房地产价格泡沫、影子银行体系、地方政府债务及人民币国际化与国际资本流动等潜在"灰犀牛"的视角来阐述中国银行业系统性金融风险的生成机理，以期为后续章节的定量分析提供一定的理论基础。

第四章是 Copula 相依结构理论与中国银行业动态系统性金融风险测度。系统性金融风险的识别和测度是宏观审慎监管的基础：它有利于金融监管者在系统性金融危机爆发前更好地监测金融体系的稳定状况，采取宏观审慎的预防性措施；有利于金融监管者在系统性金融危机事件爆发时及时采取相应的救助措施，以避免系统性危机事件的蔓延和传染；有利于金融监管者和研究者对系统性金融风险事件进行事后分析，以识别金融机构或金融系统潜在的缺陷、金融监管的漏洞及其急需进行改革和完善的领域和问题。诸多研究表明，金融资产或者金融机构在市场行情下行或危机的阶段通常具有与正常状态不同的相依结构，且往往呈现非线性、非对称的特征。然而，传统的 Pearson 相关系数往往不能有效捕捉这种非线性、非对称的相依结构。根据 Patton（2012）等学者的研究成果，Copula 相依结构函数能够充分刻画随机变量之间的相依结构：它们不仅能够刻画随机变量之间的平均相依性，而且能够刻画随机变量在共同极端运动（Joint Extreme Movements）中的上尾相依性和下尾相依性。为了充分捕捉和刻画金融机构与金融系统之间的相依结构，该部分尝试利用 Copula 相依结构函数扩展和求解 Adrian 和 Brunnermeier（2016）、Girardi 和 Ergün（2013）等学者首创和改进的条件在险价值（Conditional Value at Risk，CoVaR），以得到适用于不同类型常参数和时变参数 Copula 函数及不同分布假设的动态系统性金融风险测度。同时，以此实证测度以 14 家中国上市商业银行为代表的中国银行业的动态系统性金融风险与系统性金融风险贡献。

第五章是动态系统性金融风险测度的后验分析：理论与实证。正如Banulescu等（2016）所言，有效性是任何系统性金融风险测度应用于宏观审慎监管或者成为行业标准的关键要求。因而，后验分析（Backtesting Analysis）是确保系统性金融风险和系统性金融风险贡献等风险测度准确性和应用价值的重要环节和必备步骤。该章拟在借鉴现有研究成果的基础上，构建适用于上述动态系统性金融风险测度模型的严谨后验分析框架，并对中国银行业动态系统性金融风险测度结果进行实证分析。

第六章是中国银行业系统性金融风险的宏观审慎分析。该章尝试将以14 家中国上市商业银行为代表的中国银行业动态系统性金融风险贡献的实证测度结果运用于系统重要性银行识别和系统性金融风险贡献影响因素分析等宏观审慎分析，以期为中国银行业系统性金融风险防范和宏观审慎监管等监管实践提供相应的经验证据。

第七章探讨中国银行业系统性金融风险的宏观审慎监管。

第八章是研究结论及潜在的研究方向。

本书的创新点和学术价值主要体现在如下四个方面：

一是与国内外学者"共同冲击—传染机制""内生累积—传染扩散"和"流动性周期"等视角不同，我们从房地产价格泡沫、影子银行体系和地方政府债务、人民币国际化与国际资本流动等潜在"灰犀牛"的视角来阐述中国银行业系统性金融风险的生成机理。

二是为了捕捉银行等金融机构与银行业等金融系统潜在的非线性、非对称相依结构，本书利用 Copula 相依结构函数扩展和求解了现有的系统性金融风险测度 CoVaR 方法，以得到适用于不同类型常参数和时变参数 Copula 相依结构函数的动态系统性金融风险与系统性金融风险贡献测度的理论模型。在以中国 14 家上市商业银行为样本的实证研究中，我们发现，中国上市商业银行和中国银行业收益率序列之间的相依结构呈现多样化特征；无论是样本内还是样本外预测区间，该动态系统性金融风险测度 CoVaR 均有效捕捉了上市商业银行在国际金融危机、中国"钱荒"和"股灾"等典型系统性金融风险事件的系统性金融风险特征。这在经验证据层面验证了本书构建和扩展的动态系统性金融风险进而系统性金融风险贡献理论测度模型的准确性与应用价值。

三是为了检验和评估该构建与扩展的动态系统性金融风险测度模型的准确性和应用价值，本书在借鉴 Kupiec（1995）、Christoffersen（1998）及 Girardi 和 Ergün（2013）等学者研究成果的基础上，构建了适用于该动态系统性金融风险测度模型的严谨后验分析框架。与 Girardi 和 Ergün（2013）及 Banulescu 等（2016）不同，我们认为，严谨的后验分析不仅需要检验系统性金融风险测度 CoVaR，也需要检验系统性金融风险测度中条件事件的临界值 VaR；它们的"碰撞序列"，即系统性金融风险测度 CoVaR 的"碰撞序列"和"条件碰撞序列"，应该同时满足"无条件覆盖性""独立性"和"条件覆盖性"；此外，本书还首次提出了该动态系统性金融风险测度 CoVaR 的碰撞序列与条件碰撞序列"混合独立性"的后验分析假设。在 5% 的显著性水平下，14 家上市商业银行在样本内的动态系统性金融风险测度 CoVaR 均有效满足了后验分析所需的统计性质；除中信银行和宁波银行等 4 家银行外，其他上市商业银行在样本外预测区间的动态系统性金融风险测度 CoVaR 也都有效满足了后验分析的统计性质。这在后验分析层面验证了该动态系统性金融风险进而系统性金融风险贡献理论测度模型的准确性与应用价值。同时，我们发现，在系统性金融风险测度 CoVaR 的后验分析中，如果仅仅对 CoVaR 的"条件碰撞序列"进行后验分析，而不对 CoVaR 的"碰撞序列"，即条件事件临界值 VaR 的碰撞序列，进行后验分析，可能会导致错误的结论。这验证和说明了我们构建的后验分析工具的正确性。

四是基于 14 家中国上市商业银行系统性金融风险贡献的测度结果，我们发现，这 14 家上市商业银行在 2008 年国际金融危机、2013 年 6 月中国"钱荒"和 2015 年 6 月中国"股灾"等典型系统性金融风险事件期间的系统性金融风险贡献要明显高于其他样本期间。中国银行业的动态系统性金融风险在样本期间的动态演化过程呈现"U"形特征。同时，本书发现，这 14 家中国上市商业银行系统性金融风险贡献的年度动态排序结果在一定的样本时期内具有相对稳定性。银行在险价值、资产规模、贷款比率、期限错配、市账比、不良贷款率和 GDP 增长率是影响中国上市商业银行系统性金融风险贡献的主要因素。

目　录

1. 绪论

1.1 研究背景与意义

  2008 年爆发的国际金融危机充分地暴露了当前金融监管体系对系统性金融风险①监管的缺失，凸显了识别、监测、评估和防范系统性金融风险的重要性。由此，系统性金融风险成为理论界和监管当局普遍关注的焦点问题。在全球反思金融监管的浪潮中，防范系统性金融风险，构建宏观审慎政策体系，促进宏观审慎监管与微观审慎监管的有机结合已经成为二十国集团（Group of Twenty，G20）、国际货币基金组织（International Monetary Fund，IMF）和金融稳定理事会（Financial Stability Board，FSB）等国际组织以及美国、英国和欧洲等国家或地区金融监管改革建议和改革政策的核心内容。基于此次国际金融危机反思而提出的制度性改进框架《巴塞尔协议 Ⅲ》就是一个很好的例证。诸多学者（如 Galati & Moessner，2012；张健华和贾彦东，2012；肖璞等，2012；钟震，2012）认为，宏观审慎监管应该从两个维度来关注和解决系统性金融风险：一是从横截面维度上关注系统性金融风险在任意时点上在整个金融系统的分布，其重点是推进对系统重要性机构、市场和产品的监管，其目的是弱化或减少金融系统内部潜在的关联性，进而降低系统性金融风险的集度；二是从时间维度上关注系统性金融风险的动态演化过程，其重点是推进逆周期资本监管，建立逆周期资本缓冲，其目的是缓解金融体系的顺周期性。显然，系统性金融风险的识别和测度是宏观审慎

---

  ① 为了避免与"系统风险"（Systematic Risk）的混淆，本书将"Systemic Risk"统一称为"系统性金融风险"。

监管的基础：它有利于金融监管者在系统性金融危机爆发前更好地监测金融体系的稳定状况，采取宏观审慎的预防性措施；有利于金融监管者在系统性金融危机事件爆发时及时采取相应的救助措施，以避免系统性金融危机事件的蔓延和传染；有利于金融监管者和研究者对系统性金融风险事件进行事后分析，以识别金融机构或金融系统潜在的缺陷、金融监管的漏洞及其急需进行改革和完善的领域和问题。事实上，"如何理解系统性金融风险的生成机理""如何量化和监管系统性金融风险及金融机构的系统性金融风险贡献""如何进行宏观审慎监管"等一系列问题已成为国际金融危机后诸多学者和监管当局关注的热点话题。然而，纵观国际金融危机前浩如烟海的现代主流经济学文献，对系统性金融风险的确定性知识相当匮乏，几乎找不到任何关于系统性金融风险的系统论述；这不仅导致了当前我们理解现实经济的困惑，也诱发了当前经济学界的理论危机（马勇，2011；陈雨露，2014）。我们不难发现，系统性金融风险和宏观审慎监管诸多方面的理论研究可能远远落后于系统性金融风险防范和宏观审慎监管的监管实践。正如 Bisias 等（2012）、张健华和贾彦东（2012）等学者所言，系统性金融风险的生成机理、测度方法和监管框架等相关理论研究可能尚处在起步阶段，尚需进一步完善和发展；现有的研究和讨论还远不足以为系统性金融风险的防范和宏观审慎监管提供一个相对可靠的分析基础。它们不仅需要得到经济金融及统计等相关理论的验证，也需要得到宏观审慎监管实践的检验和反馈。

近年来，中国政府和中国人民银行等金融监管当局多次强调要"坚决守住不发生系统性金融风险的底线"。中国人民银行等五部门编制的《金融业发展和改革"十二五"规划》明确指出，要积极稳妥化解风险隐患，守住不发生系统性、区域性金融风险的底线；要建立和健全与中国国情相适应的系统性金融风险的监测评估方法及其操作框架；要加强对系统重要性金融机构的监管；要建立和完善存款保险制度及其金融机构的市场退出机制。2015年，中国人民银行工作会议强调"要采取综合措施确保不发生区域性系统性金融风险"。中共中央总书记、国家主席习近平 2017 年 7 月 14—15 日在北京召开的全国金融工作会议上强调，防止发生系统性金融风险是金融工作的永恒主题；要把主动防范化解系统性金融风险放在更加重要的位置，科学防范，早识别、早预警、早发现、早处置，着力防范化解重点领域风险，着力完善金融安全防线和风险应急处置机制。党的十九大报告明确指出，要健全金融监管体系，守住不发生系统性金融风险的底线。2017 年 12 月 18—20 日召开的中央经济工作会议在确定今后 3 年要重点抓好决胜全面建成小康社会的防范化解重大风险、精准脱贫和污染防治三大攻坚战的基础上，强调打好防范化解重大风险攻坚战的重点在于防控金融风险。这一方面说明中国经济在多年的高速增长过程中积累了一定的系统性金融风险，另一方面反映中国政府及其监管当局开始正视系统性金融风险，并高度重视对系统性金融风险的防范。2014 年 4 月 15 日在主持召开中央国家安全委员会第一次会议时，中共中央总书记、国家主席、中央国家安全委员会主席习近平同志首次提出"总体国家安全观"的概念，并指出要构建集政治安全、国土安全和经济安全等 11 种安全于一体的国家安全体系。正如刘锡良（2014）等学者所言，金融安全是经济安全乃至国家安全的重要组成部分；没有金融安全，包含经济安全、政治安全与国土安全在内的其他国家安全可能就无从保障。由此可见，系统性金融风险的防范和宏观审慎监管是确保中国国家经济安全的重要内容和题中之义。近年来，中国宏观经济下行压力持续增大，经济不平衡性与金融脆弱性风险进一步凸显，其中最突出的表现就是"去产能""去泡沫"和"去杠杆"的风险。正如张茉楠（2014a）等学者所言，包含"前期刺激政策消化期""经济结构调整阵痛期"和"增长速度换挡期"在内的"三期"叠加不仅是当前中国经济的重要阶段性特征，也是中国经济在未来相当长的时期内需要面临的"新常态"。产能过剩风险、房地产泡沫破灭风险、地方政府债务违约风险、影子银行风险等潜在的系统性金融风险源很可能随着中国经济增速减缓而"水落石出"。如果处理不当，这些风险最终将汇集到包含银行业在内的中国金融体系，并可能通过系统性金融风险的形式表现出来。中国人民银行副行长潘功胜（2012）指出，中国银行业在此次国际金融危机爆发后出现的"信贷高速扩张—风险资产累积—再融资—再扩张"的发展模式很难说是健康的。原中国人民银行货币政策委员会委员李稻葵（2012）认为"中国最大的系统性金融风险在银行"。2013 年 6 月，中国商业银行经历了一次前所未有的"钱荒"，中国股市出现了"连锁式下跌"即"股灾"①。这是中国近年来最突出的系统性金融风险事件。此次"钱荒"源于部分商业银行的流动性紧张。"钱荒"期间，中国金融体系短期内迅速出现了"货币市场利率急剧上升""银行间同业交易阻滞""货币市场基金挤兑"和"商业银行信贷收紧"等混乱局面（袁增霆，2013）。由此，中国银行业的系统性金融风险与宏观审慎监管问题逐渐引起了国内外学者和监管当局的广泛关注。

---

① 股灾是指股票市场突然爆发的股价下跌，以致引发经济和社会动荡进而造成巨大损失的异常经济现象。

在对系统性金融风险内涵、生成机理、测度与防范等方面的国内外研究文献进行梳理的基础上，本书遵循"生成机理分析—系统性金融风险测度—后验分析—宏观审慎分析—宏观审慎监管探讨"的逻辑脉络，基于扩展的CoVaR方法，对中国银行业的系统性金融风险进行了系统研究，因而具有丰富的理论意义和实践内涵。

本书在中国银行业系统性金融风险生成机理分析与系统性风险测度等方面的研究能够在一定程度上为房地产市场调整、信贷资产证券化深化发展与中美贸易摩擦等背景下中国银行业系统性金融风险的防范与宏观审慎监管提供理论依据；基础设施、动态监测、资本监管、生前遗嘱和危机救助等方面的政策建议能够在一定程度上为中国政府和监管当局进行中国银行业系统性金融风险的防范与宏观审慎监管等实践提供政策建议和决策参考。

1.2　研究内容与思路

1.2.1　主要研究内容与思路

基于扩展的 CoVaR 方法，本书尝试对中国银行业的系统性金融风险进行了系统研究。本书共包含八个章节，各章节的主要研究内容如下：

第一章是绪论。该部分主要介绍本书的选题背景与研究意义、研究内容与思路及主要的创新点与不足之处。

第二章是文献综述。该章从银行等金融机构的视角对系统性金融风险的内涵、生成机理、测度与防范等方面的国内外研究成果进行了系统梳理。

第三章是中国银行业系统性金融风险的生成机理分析。该章尝试从经济下行、房地产价格泡沫、影子银行体系、地方政府债务和人民币国际化与国际资本流动等潜在"灰犀牛"的视角来阐述中国银行业系统性金融风险的生成机理，以期为后续章节的定量分析提供一定的理论基础。

第四章是 Copula 相依结构理论与中国银行业动态系统性金融风险测度。系统性金融风险的识别和测度是宏观审慎监管的基础：它有利于金融监管者在系统性金融危机爆发前更好地监测金融体系的稳定状况，采取宏观审慎的预防性措施；有利于金融监管者在系统性金融危机事件爆发时及时采取相应的救助措施，以避免系统性危机事件的蔓延和传染；有利于金融监管者和研究者对系统性金融风险事件进行事后分析，以识别金融机构或金融系统潜在的缺陷、金融监管的漏洞及其急需进行改革和完善的领域和问题。诸多研究表明，金融资产或者金融机构在市场行情下行或危机的阶段通常具有与正常状态不同的相依结构，且往往呈现非线性、非对称的特征。然而，传统的 Pearson 相关系数往往不能有效捕捉这种非线性、非对称的相依结构。根据 Patton（2012）等学者的研究成果，Copula 相依结构函数能够充分刻画随机变量之间的相依结构：它们不仅能够刻画随机变量之间的平均相依性，而且能够刻画随机变量在共同极端运动（Joint Extreme Movements）中的上尾相依性和下尾相依性。为了充分捕捉和刻画金融机构与金融系统之间的相依结构，该部分尝试利用 Copula 相依结构函数扩展和求解 Adrian 和 Brunnermeier（2016）及 Girardi 和 Ergün（2013）等学者首创和改进的条件在险价值 CoVaR 方法，以得到适用于不同类型常参数和时变参数 Copula 函数及不同分布假设的动态系统性金融风险测度。同时，以此实证测度以 14 家中国上市商业银行为代表的中国银行业的动态系统性金融风险与系统性金融风险贡献。

第五章是动态系统性金融风险测度的后验分析：理论与实证。正如 Banulescu 等（2016）所言，有效性是任何系统性金融风险测度应用于宏观审慎监管或者成为行业标准的关键要求。因而，后验分析（Backtesting Analysis）是确保系统性金融风险和系统性金融风险贡献等风险测度准确性和应用价值的重要环节和必备步骤。该章拟在借鉴现有研究成果的基础上，构建适用于上述动态系统性金融风险测度模型的严谨后验分析框架，并对中国银行业动态系统性金融风险测度结果进行实证分析。

第六章是中国银行业系统性金融风险的宏观审慎分析。该章尝试将以 14 家中国上市商业银行为代表的中国银行业动态系统性金融风险贡献的实证测度结果运用于系统重要性银行识别和系统性金融风险贡献影响因素分析等宏观审慎分析，以期为中国银行业系统性金融风险防范和宏观审慎监管等监管实践提供相应的经验证据。

第七章探讨中国银行业系统性金融风险的宏观审慎监管。

第八章是研究结论及潜在的研究方向。

总体而言，本书的主要内容和思路如图 1-1 所示。

1.2.2　主要研究方法

本书采用的研究方法主要有：

一是规范分析与实证分析相结合。本书从银行等金融机构的视角，在对系

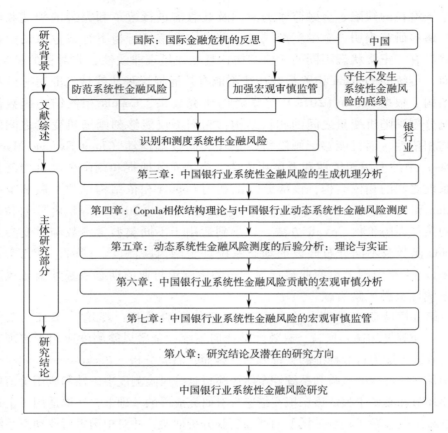

图 1-1　研究架构

统性金融风险的内涵、生成机理、测度方法与宏观审慎监管等国内外研究文献进行梳理和评述的基础上，运用 Copula 相依结构理论对现有的系统性金融风险测度 CoVaR 方法进行了相应的扩展，并在借鉴现有学者研究成果的基础上构建了严谨的后验分析框架，以检验和评估该扩展的动态系统性金融风险测度方法的准确性和应用价值。在上述规范分析的基础上，本书进而对以 14 家上市商业银行为代表的中国银行业的系统性金融风险进行了相应的测度与实证分析，并进一步将测度的结果应用于系统重要性银行识别和中国上市商业银行系统性金融风险贡献的影响因素分析等宏观审慎分析。

二是定性分析与定量分析相结合。本书第三章依次分析了经济下行、房地产价格泡沫、影子银行体系、地方政府债务和人民币国际化与国际资本流动等潜在"灰犀牛"等方面对中国银行业系统性金融风险的潜在传递路径，以定性考察当前中国银行业系统性金融风险的生成机理。本书第四章至第六章遵循

"系统性金融风险测度—后验分析—宏观审慎分析"的逻辑脉络，定量考察了中国银行业的系统性金融风险。

三是理论建模与实证检验相结合。第四章"Copula 相依结构理论与中国银行业动态系统性金融风险测度"和第五章"动态系统性金融风险测度的后验分析：理论与实证"均采用了理论建模和实证检验相结合的研究方法。第四章首先利用 Copula 相依结构理论扩展了现有的系统性金融风险测度 CoVaR 方法，由此完成扩展的动态系统性金融风险与系统性金融风险贡献测度的理论建模；然后利用以 14 家上市商业银行为代表的中国银行业的经验数据对上述测度的理论建模进行实证检验。第五章在借鉴 Kupiec（1995）、Christoffersen（1998）、Campbell（2005）及 Girardi 和 Ergün（2013）等学者研究成果的基础上，首先构建了适用于第四章扩展的动态系统性金融风险测度 CoVaR 方法的后验分析理论框架，然后利用该后验分析框架对第四章中国银行业动态系统性金融风险测度的实证结果进行实证检验。

1.3　主要创新点

本书的贡献与创新点主要体现在如下方面：

一是与国内外学者"共同冲击—传染机制""内生累积—传染扩散"和"流动性周期"等视角不同，我们从经济下行、房地产价格泡沫、影子银行体系、地方政府债务和人民币国际化与国际资本流动等潜在"灰犀牛"的视角来阐述中国银行业系统性金融风险的生成机理。在房地产价格泡沫的分析中，本书借鉴 Campbell 和 Shiller（1987，1988）、Costello 等（2011）等学者的研究成果，构建了既包含房地产报酬率时变性，又包含房地产报酬率风险溢价因子的房地产基本价值模型；通过北京、天津、上海和重庆四个直辖市住宅房地产市场的实证考察，我们发现该房地产基本价值模型有效捕捉了这四个直辖市真实住宅价格的动态演化特征。这表明，"城镇人均可支配收入的持续增长"和"高通货膨胀率引致的低真实利率"是推动房地产基本价格持续上涨，进而真实房地产价格持续上涨的两个重要因素。在影子银行体系的分析中，本书在借鉴 Gorton 和 Metrick（2009，2012）、李波和伍戈（2011）等学者的研究成果的基础上，同时考虑权益留存比率和抵押扣减率横向异质性和纵向时变性，从金融机构的视角来探讨影子银行体系的信用创造机制；通过比较静态分析和与传统商业银行对比的方法，我们发现，影子银行体系的信用创造机制存在内在的不稳定性，具体表现在融资脆弱性、信用媒介信息敏感性和杠杆周期性等三方面。这为我们对当前中国银行业系统性金融风险整体态势的分析，乃至后续章节中国银行业系统性金融风险的防范和宏观审慎监管提供了相应的理论依据。

二是为了捕捉银行等金融机构与银行业等金融系统潜在的非线性、非对称相依结构，本书利用 Copula 相依结构函数扩展和求解了 Adrian 和 Brunnermeier（2016）、Girardi 和 Ergün（2013）等学者首创和改进的条件在险价值（Conditional Value at Risk，CoVaR），以得到适用于不同类型常参数和时变参数Copula相依结构函数及不同分布假设的动态系统性金融风险与系统性金融风险贡献测度的理论模型。显然，该动态系统性金融风险测度方法在金融风险管理和宏观审慎监管领域具有广泛的应用价值：它不仅能够以股市交易数据为基础实时测度出所有上市金融机构（银行、证券、保险等）的系统性金融风险动态，而且能够广泛应用于测度不同金融机构间、不同金融市场间、不同行业之间的动态风险溢出；同时，它还能用于系统性金融风险的宏观审慎分析和宏观审慎监管等领域。在以中国 14 家上市商业银行为样本的实证研究中，我们发现，中国上市商业银行和中国银行业收益率序列之间的相依结构呈现多样化特征；无论是样本内还是样本外预测区间，该动态系统性金融风险测度CoVaR均有效捕捉了上市商业银行在国际金融危机、中国"钱荒"和"股灾"等典型系统性金融风险事件的系统性金融风险特征。这在经验证据层面验证了本书构建和扩展的动态系统性金融风险进而系统性金融风险贡献理论测度模型的准确性与应用价值。

三是为了检验和评估该构建与扩展的动态系统性金融风险测度模型的准确性和应用价值，本书在借鉴 Kupiec（1995）、Christoffersen（1998）及Girardi和Ergün（2013）等学者研究成果的基础上，构建了适用于该动态系统性金融风险测度模型的严谨后验分析框架。与 Girardi 和 Ergün（2013）、Banulescu 等（2016）不同，我们认为，严谨的后验分析不仅需要检验系统性金融风险测度CoVaR，也需要检验系统性金融风险测度中条件事件的临界值VaR；它们的"碰撞序列"，即系统性金融风险测度 CoVaR 的"碰撞序列"和"条件碰撞序列"，应该同时满足"无条件覆盖性""独立性"和"条件覆盖性"；此外，本书还首次提出了该动态系统性金融风险测度 CoVaR 的碰撞序列与条件碰撞序列"混合独立性"的后验分析假设。在5%的显著性水平下，14 家上市商业银行在样本内的动态系统性金融风险测度 CoVaR 均有效满足了后验分析所需的统计性质；除中信银行和宁波银行等4家银行外，其他上市商业银行在样本外预测区间的动态系统性金融风险测度 CoVaR 也都有效满足了后验分析的统计性质。这在后验分析层面验证了该动态系统性金融风险进而系统性金融风险贡献理论测度模型的准确性与应用价值。同时，我们发现，在系统性金融风险测度 CoVaR 的后验分析中，如果仅仅对 CoVaR 的"条件碰撞序列"进行后验分析，而不对 CoVaR 的"碰撞序列"，即条件事件临界值 VaR 的碰撞序列，进行后验分析，可能会导致错误的结论。这验证和说明了我们构建的后验分析工具的正确性。

四是基于 14 家中国上市商业银行系统性金融风险贡献的测度结果，我们发现，这 14 家上市商业银行在 2008 年国际金融危机、2013 年 6 月中国"钱荒"和 2015 年 6 月中国"股灾"等典型系统性金融风险事件期间的系统性金融风险贡献要明显高于其他样本期间。中国银行业的动态系统性金融风险在样本期间的动态演化过程呈现"U"形特征。即受 2008 年国际金融危机的影响，中国银行业的系统性金融风险非常高，在整个样本期间居于高位状态；在"四万亿"经济刺激计划的影响下，中国银行业的系统性金融风险快速下降；随着经济的复苏，中国银行业的系统性金融风险达到样本期间的最低点，并在 2012 年后开始持续反弹。同时，这 14 家上市商业银行系统性金融风险贡献的年度动态排序结果在一定的样本时期内具有相对稳定性。银行在险价值、资产规模、贷款比率、期限错配、市账比、不良贷款率和 GDP 增长率是影响中国上市商业银行系统性金融风险贡献的主要因素。

1.4　存在的问题和需要改进之处

我们认为，在正式阐述不足之处之前，本书可能需要对如下两个问题作出说明。

问题一是能否以上市商业银行代表中国银行业。本书以中国上市商业银行作为研究对象来考察中国银行业的系统性金融风险与系统性金融风险贡献，主要有如下原因：一是中国目前是以银行业为主导的金融体系，银行业的资产规模在整个金融体系中具有绝对支配地位；从规模和利润看，中国上市商业银行资产总和与净利润总和均占中国银行业资产总和与净利润总和的 80% 以上；从样本类型看，中国上市商业银行不仅包括大型商业银行和股份制商业银行，而且还包括城市商业银行，因此本书选择中国上市商业银行作为样本可以在一定程度上代表中国银行业。二是数据可得性。我们在本书中构建的动态系统性金融风险与系统性金融风险贡献测度的理论模型是以金融机构和金融系统的收益率序列为基础的，因而需要选择上市商业银行的股价收益率序列和银行业的收益率序列进行中国银行业系统性金融风险与系统性金融风险贡献的测度与实证分析。事实上，运用基于市场数据来研究中国银行业系统性金融风险的现有研究文献，如肖璞等（2012）、吴恒煜等（2013）和白雪梅、石大龙（2014）等，都是选择中国上市商业银行的股价数据来研究中国银行业系统性金融风险的。

问题二是上市商业银行的股价变化能否有效包含中国银行业系统性金融风险状况的相关信息。正如 Huang 等（2009）和肖璞等（2012）等学者所言，银行等金融机构的股价变化在一定程度上能够及时反映当前资产价格变化的风险及其资产的流动性风险，体现了市场对其未来表现的预期及其系统性金融风险在时间维度上的变化，具有较强的前瞻性与实效性。

同时，我们认为，该中国银行业系统性金融风险研究还存在如下需要改进之处。

一是在中国银行业系统性金融风险的生成机理部分，不仅需要关注经济新常态与经济下行、房地产价格泡沫、影子银行体系和地方政府债务等潜在的国内"灰犀牛"视角，也需要关注"人民币国际化与国际资本流动""经济全球化与贸易保护主义"等潜在的国际"灰犀牛"视角；同时，还需要进一步关注这些潜在"灰犀牛"视角在中国银行业系统性金融风险潜在生成过程中的相互作用机制与互动关系。

二是在中国银行业系统性金融风险量化分析部分，无论是系统性金融风险的测度和后验分析，还是系统性金融风险的实证分析，本书成果都聚焦在条件在险价值 CoVaR 这一系统性金融风险测度方法上。我们将在后续的研究中，进一步尝试系统性预期损失（Systemic Expected Shortfall，SES）、成分预期损失（Component Expected Shortfall，CES）和系统性金融风险指数（SRISK）等其他系统性金融风险测度方法，作为中国银行业系统性金融风险量化分析部分的补充，以期与现有研究成果在中国银行业系统性金融风险量化分析部分的结论形成相互印证。

2. 文献综述

正如前文所述，系统性金融风险在 2008 年国际金融危机之后逐渐成为理论界和监管当局普遍关注的焦点问题。该部分将从银行等金融机构的视角对系统性金融风险的概念和内涵、系统性金融风险的生成机理、系统性金融风险的测度与评估以及系统性金融风险的防范等方面对国内外的相关研究成果进行系统梳理，以期为后续章节的相应研究奠定坚实的文献基础。

2.1 系统性金融风险的概念与内涵

正如张晓朴（2010）等学者所言，"系统性金融风险"① 既不是"新概念"，也不是"新问题"。根据 Borio（2003）等学者的相关研究，国际清算银行（Bank for International Settlements，BIS）在 20 世纪 70 年代就已经关注系统性金融风险。它在当时的一份文件中明确指出，仅仅关注和加强单个金融机构的监管不足以维护整个金融体系的金融稳定，而应该关注整个金融体系的金融风险。时任美国纽约联邦储备银行行长 Corrigan（1991）明确指出，系统性金融风险是银行等金融机构不同于加油站和家具店等其他经济实体的最重要特征，而且金融体系发生系统性金融风险的可能性要显著地大于其他经济和社会体系。然而，系统性金融风险真正引起理论界和监管当局的广泛关注还是在 2008 年国际金融危机爆发后的全球金融监管反思浪潮中。

系统性金融风险之所以在此次国际金融危机后得到广泛关注，是因为有如

---

① 需要说明的是，此处的"系统性金融风险"（Systemic Risk）与经典金融学文献中经常碰到的"系统风险"（Systematic Risk）有着本质的区别。所谓的"系统风险"，亦称"不可分散风险"或"市场风险"，它是指在证券等资本市场上不能通过分散投资予以消除的风险。

下三个方面的理论原因和现实背景（钟震，2012）。一是单个金融机构的稳健不足以保障金融系统的稳定（谢平、邹传伟，2010）。诸多学者（Borio，2009；李文泓，2009；钟震，2012 等）认为，仅仅对单个金融机构实施微观审慎监管而忽视对系统性金融风险的关注往往不足以防范系统性金融危机。二是以低通货膨胀和相对稳定为特征的宏观经济尚不足以保障整个金融体系的金融稳定。与以往以"通货膨胀高企""单个金融机构引发风险"为特征的金融危机不同，2008 年国际金融危机呈现的是完全不同的特征，即"信贷和资产价格高速增长""系统性金融风险在经济金融的长期繁荣下逐步积累直至爆发""在危机爆发的情况下整个经济体系均受到牵连"等特征。这表明单纯强调单个金融机构稳健而忽视系统性金融风险的微观审慎监管已不足以保障金融稳定。三是系统性金融风险的外部性特征与金融体系的非线性特征。随着金融体系关联性与内在依赖性的不断增强，系统性金融风险在金融体系内持续积累，直至爆发与传播，并最终导致了系统性金融危机的发生。

截至目前，理论界和监管当局并没有给出系统性金融风险一个被普遍接受的明确统一的定义。这既在一定程度上表明了系统性金融风险的复杂性，也反映了现有理论研究和实践探索对系统性金融风险认识的有限性和不成熟。根据张晓朴（2010）、白雪梅和石大龙（2014）等学者的归纳，关于系统性金融风险的定义主要从如下三个角度着手。

一是风险传染的视角。Hart 和 Zingales（2009）认为，系统性金融风险是指金融体系内诸如金融机构倒闭或市场崩溃等尾端风险事件从一个金融机构传染到多个金融机构，从一个金融市场传染到多个金融市场，进而造成损失在整个金融体系内不断传播和扩散，以致冲击实体经济的风险。隋聪、迟国泰和王宗尧（2014）认为，系统性金融风险是指由一个金融机构违约导致其他金融机构违约引发的多米诺骨牌效应，并最终造成广泛金融困境的风险。他们进一步指出，系统性金融风险包括"初始冲击"和"传染机制"两个关键部分。前者导致一个或者多个金融机构的违约；后者将初始冲击所导致的违约传染给其他金融机构，从而使风险不断扩大和蔓延。

二是危害范围的视角。二十国集团（G20）于 2009 年 4 月决议设立的金融稳定理事会（FSB）将系统性金融风险定义为由经济周期、宏观经济政策变动、外部金融冲击等风险因素诱发的，导致一国金融体系出现危机、破产，从而威胁该国经济正常运行甚至触发世界经济危机的可能性。欧洲中央银行（2009）认为，系统性金融风险是指金融体系极度脆弱，大范围发生的金融不稳定现象造成金融体系运转困难、实体经济遭受重大损失的风险。前美联储主席 Bernake（2009）认为，系统性金融风险是指威胁整个金融体系乃至宏观经济稳定的事件。Bollio 等（2009）将系统性金融风险定义为"威胁金融系统稳定或者公众对金融系统信心的任何情形"。张晓朴（2010）认为，系统性金融风险是指整个金融体系丧失功能或崩溃的或然性。马勇（2011）将系统性金融风险定义为金融体系在遭受普遍大规模冲击情形下无法持续有效运转的可能性。他认为，该类普遍大规模冲击常常表现为"价格信号失灵""货币贬值""相当数量金融机构支付困难和倒闭""金融市场的崩溃""资本外逃"等。他进一步指出，该类普遍大规模冲击的具体来源可以是任何来自金融体系外部或内部的随机事件；在金融体系内长期滞留及其酝酿的系统性金融风险的集中爆发是该类普遍大规模冲击得以实现的基础。

三是影响实体经济的视角。二十国集团（G20）财长和央行行长报告（2010）认为，系统性金融风险是指可能对实体经济造成严重负面影响的金融服务流程遭受破坏或者受损的风险。国际货币基金组织（IMF）等（2011）将系统性金融风险定义为部分或者全部的金融体系受到损害引致的金融服务大范围中断并给实体经济造成严重影响的风险。Patro 等（2013）将系统性金融风险定义为诸如系统重要性金融机构倒闭等相关系统性事件使得金融体系整体出现困境，进而对金融市场以及实体经济产生负面影响的可能性。

虽然系统性金融风险尚没有一个被普遍接受的明确统一的定义，不同的定义所体现和关注的侧重点也有所不同，但我们不难看出，这些定义具有如下共同点：首先，系统性金融风险关注的是金融体系的全部或者重要组成部分的风险；其次，系统性金融风险具有负外部性，即遭受巨大损失的单个金融市场或金融机构会引起其他金融市场或金融机构的连锁反应，由此造成风险由金融体系内所有的参与者共同承担；最后，系统性金融风险具有传染和溢出效应，也就是说，系统性金融风险可以将金融体系的风险传染和溢出到实体经济，由此造成实体经济的巨大破坏和震荡。

根据陈守东等（2013）等学者的研究，系统性金融风险具有如下四个方面的特征：一是内生性。他们认为，金融体系的结构特征、金融合约的性质以及金融安全网制度都蕴含诱发系统性金融风险的基本要素。二是传染和扩散性。由于受业务往来等因素的影响，系统性金融风险可能通过资产负债表关联、基于不完全信息产生的过激行为、羊群效应等渠道在金融机构和市场间传染和扩散。三是负外部性。四是顺周期性。他们认为，金融体系内生地存在顺周期性；金融机构等金融市场参与者的经营理念、行为方式和风险暴露具有高度的同质性，以及会计准则等外部准则都在一定程度上强化了金融体系的顺周期性，从而增强了金融体系潜在的系统性金融风险。

在上述学者研究成果的基础上，本书将系统性金融风险定义为由经济周期、外部冲击等风险因素诱发的诸如金融机构倒闭等尾端风险事件经传染和扩散导致部分或全部金融体系受到损害，以致金融服务大范围中断并造成实体经济严重破坏和动荡的风险。显然，系统性金融风险具有横截面和时间两个维度：横截面维度的系统性金融风险是指系统性金融风险在任意时点上在整个金融系统的分布；时间维度上的系统性金融风险是指系统性金融风险的动态演化过程和特征。

2.2 系统性金融风险的生成机理

系统性金融风险的生成机理在理解和防范系统性金融风险中居于重要的地位。自系统性金融风险在 2008 年国际金融危机触发的全球金融监管反思浪潮中得到理论界和监管当局的广泛关注之后，不少的学者尝试对系统性金融风险的生成机理进行了相应的探索。纵观国内外学者的相关研究，他们主要从如下三个角度来阐述和研究系统性金融风险的生成机理。

首先是"共同冲击—传染机制"的视角。董青马（2008）在总结国内外研究的基础上，从该视角对系统性金融风险的生成机理进行了相应的梳理和总结。他在"宏观经济波动、经济周期与信贷膨胀""资产价格剧烈波动"和"存款保险与政府担保导致过度购买、消费膨胀与信贷扩张"等共同冲击类型的基础上，归纳了三类共同冲击作用于银行体系的机制：一是"内生金融周期模型"。由于金融周期与经济周期的同向变动，经济周期的衰退常常造成银行体系内不良贷款的激增，以致出现"经济衰退—信贷紧缩—不良贷款激增"的陷阱。与此同时，政府部门的不当金融与经济政策可能会进一步扩大经济周期，进而加剧经济衰退。二是"资产价格冲击模型"。资产价格波动通过财富效应、托宾 Q 效应以及资产负债表效应作用于国民经济运行，进而影响银行的经营活动。随着资产价格的波动，与银行贷款相关的抵押品价值也会波动，由此加剧银行体系的风险。三是"心理预期与羊群效应模型"。在上述三种共同冲击作用机制的基础上，他进一步梳理了资产负债表渠道、资产价格效应与流动性渠道、信息传染渠道等银行间系统性金融风险的传染机制。"宏观审慎政策系统性金融风险评估模型"（Systemic Risk Assessment Model for Macroprudential Policy，SAMP）是韩国中央银行在 2011 年 9 月推出的。它在一定程度上体现了他们从"共同冲击——传染机制"视角对系统性金融风险生成机理的理解。该宏观审慎政策系统性金融风险评估模型不仅能够捕捉宏观经济冲击等共同冲击对金融系统的第一轮直接效应，而且能够捕捉银行间传导、信贷收缩、去杠杆化和紧急抛售等原因导致的传染和溢出效应（张启阳，2013）。它主要由宏观风险因素概率分布、银行损益、破产传导、融资流动性风险传染、多阶段损失与系统性金融风险度量等六个模块构成。在宏观风险因素概率分布模块中，该模型选取 12 个影响诸如"银行信贷损失""利息及非利息收入"和"市场损失"等银行损益的宏观经济因素作为宏观分析变量，并根据这些变量各自的边际概率分布测算出它们的联合概率分布，由此利用这些变量的联合概率分布来设置系统性金融风险评估和宏观压力测试所需的相应情景。银行损益模块旨在测度银行损益在宏观风险因素冲击下的变化情况。破产传导模块通过银行网络结构来测算基于对违约银行的风险敞口而造成的银行间借贷损失。同时，该模型还尝试进一步刻画在银行破产过程中常见的信贷收缩和紧急抛售等情形所导致的损失。融资流动性风险传染模块用于测算银行系统为应对流动性危机而可能遭受的损失情况。系统性金融风险度量模块通过评估银行系统的总损失分布来评估和测度不同类型风险和情景下银行体系的系统性金融风险情况。隋聪等（2014）指出，系统性金融风险包括"初始冲击"和"传染机制"两个关键部分。前者导致一个或者多个金融机构的违约；后者将初始冲击所导致的违约传染给其他金融机构，从而使风险不断扩大和蔓延。他们基于"初始冲击—传染机制"的视角，建立了相应的度量银行间违约传染和银行系统金融风险的研究框架。肖斌卿等（2014）基于网络结构模型测度了中国银行业与房地产业间的传染性风险。他们认为，债务网络是传染性风险的主要诱因，在控制债务关系后，行业间传染性风险显著降低；同时，投资者行为会显著影响风险传染发生的概率；随着投资者与公司之间信息不对称程度的增强，负向的外部冲击导致传染性风险发生的概率将增大。

其次是"内生累积—传染扩散"的视角。张晓朴（2010）借鉴 Davis 和 Karim（2009）关于金融危机进程的相关研究成果，从系统性金融风险的累积、爆发、扩散三个关键阶段阐述了系统性金融风险内生的动态演化机制，并依次从资产负债表效应、盯市计价的交易计价规则、心理恐慌和信心崩溃等渠道阐述了系统性金融风险的扩散机制。系统性金融风险的冲击常常造成银行等金融机构的资产价值大幅度缩水，进而侵蚀银行等金融机构的资本和利润，甚至诱发其被迫进行资产甩卖，以致资产价格进入相应的下跌循环；同时，银行等金融机构的正常融资渠道被切断和冻结，相应的金融机构随之陷入流动性危机或资不抵债的困境。在危机爆发时，虽然资产的市场价格已不能正确反映其真实价值，但金融机构仍需按照这严重低估的市场价格对其自身持有的资产进行估值，以致形成"资产价格下跌—资产价值缩水—金融机构抛售资产—资产价格下跌……"的恶性循环，由此导致危机的进一步加深。投资者等市场参与者对金融机构和金融市场的信心常常会随着危机爆发而一落千丈。这将进一步加剧金融市场的流动性兑付压力和资产抛售行为。正如希勒（2009）等学者所言，信心的丧失将最终演绎成典型的系统性金融危机"自我实现的预言"。他指出，扩散机制是解释系统性金融风险从"小冲击"演变为"大危机"的核心所在。马勇（2011）从金融结构、金融合约性质和金融安全网悖论等金融"原罪"的视角阐述了系统性金融风险的内生性。他指出，金融系统的高杠杆特征和特殊功能决定了金融体系不仅会承袭实体经济的风险，而且会进一步放大源自于实体经济的风险。他认为，源自实体经济，并经金融杠杆放大的系统性金融风险的外在表现形式是金融体系过度的同周期性。金融合约的匿名性及其标的的虚拟性使得金融风险对市场供求关系的变动具有高度的敏感性，而且具有更强的负反馈效应，由此导致了其逐渐脱离实体经济而独立演化的机制；伴随着金融创新的不断深化，金融市场的信息处理失效和风险分布失衡等问题将会越来越严重。金融安全网的过度保护往往会诱发道德风险问题，导致系统性金融风险在整个金融体系长期不断累积，并以一种隐含的方式将相应的系统性金融风险集中地推迟到"将来"。他指出，金融资本和产业资本的互动过程是从财富创造与分配视角理解系统性金融风险的关键；系统性金融风险的累积过程往往表现为金融资本追逐产业资本的自我实现与自我扩张的过程。他认为，系统性金融风险的动态过程往往包含着如下两种类型的"合成谬误"：一是"个人理性"与"集体非理性"的"合成谬误"；二是"单个金融机构的稳健性"与"整个金融体系的不稳定性"的"合成谬误"，即单个金融机构常常忽视金融机构间的关联性，仅仅依据自己的状况来判断风险，从而使得看似个个稳健的金融机构加总之后的总体风险可能远远超过该金融体系所能承受的正常范围。肖崎（2010）从现代金融体系变革的视角阐述了系统性金融风险的积累和产生途径。他认为，系统性金融风险是内生于现代金融体系的；它在较长的时间内处于潜伏期，并最终以灾难性的系统性金融危机的形式释放出来。2008年国际金融危机的爆发在一定程度上表明，系统性金融风险更多的是由金融体系内在的结构性变革产生的，而不仅仅是不可预见且难以控制的冲击金融体系的重大外在事件造成的。随着金融体系结构变革的推进，商业银行与金融市场之间的内在依赖性和关联性大大增强。商业银行不仅通过金融市场进行投资与外部融资，而且通过金融市场进行风险管理。同时，金融市场也需要商业银行等金融机构从事做市交易和提供流动性服务。正是这种内在的依赖性和关联性，使得金融市场参与者的集体行为和共同风险暴露经由金融资产价格等渠道对金融体系的稳定进而实体经济的波动产生影响。

最后是"流动性周期"的视角。李佳（2013）根据流动性"创造—扩张—过剩—逆转—紧缩"的周期路径分析了系统性金融风险形成、积累、爆发与传导的过程。在流动性周期初始阶段的流动性创造阶段，金融资源的配置效率常常会因商业银行信贷和金融资产交易处在初期阶段而逐渐提高，相应的系统性金融风险的水平往往会逐渐降低。随着流动性不断扩张，金融体系的期限错配将逐步加深，杠杆率和资产价格开始上升，系统性金融风险随之逐渐形成。流动性过剩常常会随着金融体系的流动性供给超过流动性需求而逐渐出现。这时金融体系常常表现出杠杆率虚高、资产价格泡沫等现象，由此造成金融体系的系统性金融风险累积；如果资产价格泡沫过高和紧缩信号出现，投资者，尤其是具有高度同质性的机构投资者往往会采取"寻求安全和流动性"的个体理性行为，这将导致流动性过剩的链条发生骤然逆转，系统性金融风险随之爆发，金融危机的萌芽也将出现；随着流动性逆转转变为流动性紧缩，系统性金融风险开始在金融体系乃至实体经济内不断传导和扩散；一旦处置不当，金融危机就可能随之爆发。董青马（2008）认为，流动性风险在银行系统性金融风险的生成过程中占据核心地位：一是流动性转换是商业银行的基本功能之一。商业银行通过吸收存款和发放贷款履行流动性转换、信用转换和期限转换等基本功能。二是商业银行的信用风险、市场风险与操作风险等单个银行的风险最终都可以归因于银行的偿付问题，即流动性问题。三是商业银行在一定程度上集中了整个社会的所有流动性冲击。

与国内外学者"共同冲击—传染机制""内生累积—传染扩散"和"流动性周期"等视角不同，我们尝试从中国未来一段时间内系统性金融风险的潜在来源渠道来阐述中国系统性金融风险的生成机理。原中国人民银行货币政策委员会委员李稻葵（2012）认为"中国最大的系统性风险在银行"。因而，本书主要基于银行业的视角，从"经济新常态"与经济下行、房地产价格泡沫、影子银行体系、地方政府性债务和人民币国际化与国际资本流动等五个方面来分析和阐述中国银行业系统性金融风险的生成机理。如果将整个经济分成"私人部门""公共部门"和"对外部门"等三个部门，那么前三个部分主要着眼于私人部门，"地方政府性债务"部分主要着眼于公共部门，"人民币国际化与国际资本流动"则着眼于对外部门。

2.3 系统性金融风险的测度与评估

2008 年国际金融危机爆发后，"如何量化和监测系统性金融风险及其金融机构的系统性金融风险贡献"等一系列问题逐渐成为国内外诸多学者和监管当局在系统性金融风险领域普遍关注的热点问题之一。正如绪论所言，系统性金融风险的识别和测度是宏观审慎监管的基础：它有利于金融监管者在系统性金融危机爆发前更好地监测金融体系的稳定状况，采取宏观审慎的预防性措施；有利于金融监管者在系统性金融危机事件爆发时及时采取相应的救助措施，以避免系统性金融危机事件的蔓延和传染；有利于金融监管者和研究者对系统性金融风险事件进行事后分析，以识别金融机构或金融系统潜在的缺陷、金融监管的漏洞及其急需进行改革和完善的领域和问题。Bisias 等（2012）综述了31 种系统性金融风险的测度方法，并指出这些系统性金融风险测度方法和概念框架可能还处在"婴儿"阶段，尚需要进一步完善和发展，也需要得到宏观审慎监管实践的检验。根据我们对国内外相关研究文献的梳理，我们认为，系统性金融风险测度与评估的研究方法主要有指标法、网络分析法和模型法三类，其中，模型法又可以分为结构模型法和简约模型法。

2.3.1 指标法

指标法是指利用单一指标或者多指标测度与评估系统性金融风险的方法。最具代表性的是 2011 年 11 月巴塞尔银行监管委员会（Basel Committee on Banking Supervision，BCBS）公布的《全球系统重要性银行：评估方法与附加资本吸收能力要求》提出以跨境业务程度、资产规模、关联性、可替代性以及复杂性等 5 个综合指标来识别和评价银行等金融机构的系统性金融风险及其系统重要性程度，进而确定全球系统重要性银行（Global Systemically Important Banks，GSIBs）。根据该指标评价方法，截至目前，中国银行和中国工商银行等国内外 30 家银行已入选金融稳定理事会（FSB）确定的全球系统重要性银行名单。根据中国银行业监督管理委员会 2011 年底公布的《关于国内系统重要性银行的划分标准（征求意见稿）》，中国将采用"规模""不可替代性""关联度"和"复杂性"四个方面的指标，每个指标赋予 25% 的权重来评估国内系统重要性银行。郭卫东（2013）根据这些标准和方法对中国 16 家上市商业银行进行了相应的系统重要性评估。刘春航和朱元倩（2011）根据系统性金融风险的冲击和传导路径，从宏观经济冲击、银行自身经营、传染和扩散三个维度构建了中国银行业的系统性金融风险度量框架。高国华（2013）在总结前人研究成果的基础上，根据中国银行业和宏观金融风险的实际情况，从宏观经济风险、借贷扩张风险、金融杠杆风险、资产价格泡沫风险与货币流动性风险等五个层面构建了中国宏观系统性金融风险的指标体系，并运用层次分析法给不同具体指标赋予相应权重值的方法来构造中国宏观系统性金融风险指标。陈雨露和马勇（2013）基于金融危机等基础理论和系统性金融风险形成的典型事实，从经济主体行为和市场动态过程的视角，运用社会融资总量、企业投资和杠杆及房地产价格等基本指标构造了中国的"金融失衡指数"。通过数据比对和实证分析，他们认为，该指数不仅能够衡量中国的系统性金融风险，而且能够为中国进行宏观审慎监管等实践提供有用的参考和决策信息。在金融部门评估计划（Financial Sector Assessment Program，FSAP）中，世界银行和国际货币基金组织（IMF）基于资产负债表信息的指标法来构建其金融稳健指标（Financial Soundness Indicator，FSI）。高国华（2013）从宏观经济风险、货币流动性风险、信贷扩张风险、资产价格泡沫风险和金融杠杆风险等视角构建了多层次、多维度的宏观系统性风险度量指标框架。具体而言，该宏观系统性风险度量框架用宏观经济风险指标反映经济过热情况及实体经济风险的累积；用货币流动性风险指标衡量短期信贷市场的宽松或偏紧程度，反映了社会即期资金与中央银行资产负债表的扩张状况；用信贷扩张风险指标反映银行体系的信用创造水平；用资产泡沫风险指标反映房地产和资本市场泡沫的累积程度；用金融杠杆风险指标衡量实体经济各部门资产负债表的稳健性和债务清偿能力。许涤龙和陈双莲（2015）基于 CRITIC 赋权法构建了金融压力指数（Financial Stress Index，FSI），并从银行、房地产、股票市场和外部金融市场综合测度了中国面临的金融压力。显然，该类指标法的优点是测度与评估系统性金融风险简单易行，但其缺陷在于：受制于"相对较低的信息获取频率""较高的信息扭曲程度"和"较为严重的信息滞后性"等因素，基于指标法的系统性金融风险的测度与评估方法在很大程度上只能发挥"体温计"而不是"天气预报"的作用（刘吕科等，2012），更不能衡量金融机构存在非线性相依结构时的系统性金融风险。同时，该类方法也常常在指标选取和指标的权重赋值方法两个方面受到诸多学者的诟病。

2.3.2　网络分析法

网络分析法是指基于金融机构间资产与负债的风险敞口等数据运用网络模

型来测度和评估系统性金融风险的研究方法。网络分析方法的核心思想是利用金融机构间的风险敞口和交易数据建立相应的网络结构模型，从而根据其网络结构的形状等特征来模拟金融机构间的风险传染情况，进而测度和评估网络结构中相应节点的系统性金融风险。纵观国内外学者关于系统性金融风险测度的相关研究，他们主要从银行系统（如，马君潞等，2007；范小云等，2012；Nier，2007；Mistrulli，2011）、支付结算系统（如，贾彦东，2011；童牧和何奕，2012）、金融市场（如，李建军和薛莹，2014）和宏观经济部门（如，宫晓琳和卞江，2010；Castren & Kavonius，2009）等层面进行研究。据我们所知，Allen 和 Gale（2000）最早从网络结构的视角来研究和考察系统性金融风险。他们在网络结构模型的基础上，研究了网络结构中节点的关联度是如何影响金融机构的系统性金融风险的。通过研究，他们认为，在完全网络结构（Complete Network）情形下，由于融资被金融系统充分分散，一家金融机构的流动性冲击往往不大可能引致其他金融机构的倒闭，即金融机构能够从融资渠道的分散中受益；而在非完全网络情形下，由于融资没有被金融系统充分分散，冲击仅仅在有限的金融机构间分担，一家金融机构的流动性冲击往往会导致与之联系的其他金融机构的倒闭。他们进一步指出，金融网络是一个非完全网络，因而会爆发系统性金融风险。Gai 等（2011）得到的研究结论刚好与 Allen 和 Gale（2000）相反。他们利用数值模拟方法研究得到，在网络结构复杂程度非常高的情形下，因为相互关联的复杂程度低，所以系统内传染发生的频率就小；当系统的关联程度非常高时，传染非常容易发生；因而，当流动性冲击发生在连接度最广的金融机构时，传染就会在金融系统内蔓延，从而导致系统性金融风险的爆发。童牧和何奕（2012）利用中国大额支付系统的数据，运用数学建模和仿真模拟的方法建立了基于复杂金融网络的系统性金融风险演化模型，并比较了不同情景下不同流动性救助策略的绩效。隋聪等（2014）在对"银行破产""违约传染渠道"和"违约传染机制"合理建模的基础上，构建了度量银行系统性金融风险的完整研究框架，量化了银行违约的传染程度和银行业的系统性金融风险。同时，他们分析了现有研究中广泛使用的违约算法存在的问题并对其进行了修正。肖斌卿等（2014）基于行业间风险传染的两大诱因"债务网络"和"投资者行为"，建立了相应的网络结构模型，并测度了中国银行业和房地产业的传染性风险。王晓枫等（2015）利用复杂网络方法构造了银行同业间市场的拆借网络，根据真实的统计数据模拟了银行同业业务的资产负债情况，通过破产银行因同业负债无法偿还使关联银行资产受损和因同业资产的索回而使关联银行流动性趋紧的双向风险传染方式，刻画了银行风险传染的基本路径，并采用随机模拟法分析了具有无标度特征的复杂网络结构对银行风险传染效应的影响。本书结果表明，银行间同业市场的风险具有扩散性特征。

我们可以发现，基于网络分析法的国内外相关研究主要是通过如下两种方法来评估金融机构的系统性金融风险与系统性金融风险贡献的：一是通过网络中金融机构之间的相互关联性和集中度等统计指标来衡量金融机构的系统性金融风险与系统性金融风险贡献，进而确定与识别系统重要性金融机构；二是通过计算金融机构倒闭对网络中其他金融机构的影响来衡量该金融机构的系统重要性。与第一种方法相比，第二种方法能够在金融危机爆发前通过模拟的方法预先测度出潜在的系统性金融风险损失、传染范围及其传染轮次，从而判断金融机构的系统性金融风险和系统性金融风险贡献，因而更受到学者们的广泛青睐（如，宫晓琳和卞江，2010；贾彦东，2011；范小云等，2012；Upper，2007；Mistrulli，2011）。正如诸多学者所言，网络分析方法的不足之处主要在于它需要金融机构间详细的风险敞口数据，在实际应用中除意大利、匈牙利和墨西哥等少数国家外，银行等金融机构之间的实际双边风险敞口数据往往难以获得，由此导致该类研究方法的实用性大大降低。

2.3.3　结构模型法

所谓的结构模型法是指基于严格的理论假设和翔实的微观基础建立相应的结构模型来测度和评估系统性金融风险的方法。该方法通常利用资产负债表和市场价格等相关信息，运用联合违约概率或者组合信用风险等指标来对系统性金融风险进行测度和评估。具有代表性的该类研究主要有 Segoviano 和 Goodhart（2009）等学者提出的危机联合概率模型（Joint Probability of Distress，JPoD）、Gray 和 Jobst（2010，2013）等学者发展的系统性或有权益分析方法（Systemic Contingent Claims Analysis，SCCA）以及韩国中央银行的宏观审慎政策系统性金融风险评估模型（SAMP）。

（一）危机联合概率模型（JPoD）

危机联合概率模型（JPoD）由 Segoviano 和 Goodhart（2009）等学者首创，朱元倩和苗雨峰（2012）等国内学者对该模型进行了详细介绍。该方法对银行业系统性金融风险的测度和评估主要包括如下步骤：第一步，将整个银行系统看成是一个由系统内各银行构成的投资组合；第二步，针对该投资组合中的每个银行，分别计算其危机概率（Probability of Distress，PoD）；第三步，基于单个银行的危机概率，运用一致信息的多元密度优化方法（Consistent Information

Multivariate Density Optimizing Method，CIMDO）计算整个银行系统的多元密度函数；第四步，利用上述多元密度函数估计整个银行系统的危机联合概率，以作为银行系统的稳健性测度指标。

（二）系统性或有权益分析方法（SCCA）

所谓的或有权益是指未来收益取决于其基础资产价值的权益。通常而言，只有在特定随机事件发生的情形下，与该权益相对应的未来收益才能获得。Merton（1974）率先将 Black 和 Scholes（1973）的期权定价理论应用于分析公司的资本结构。他们把股东权益和负债的定价当作基于公司资产价值的一项或有权益，从而开创了一种研究公司负债违约信用风险的全新方法。Gray 等（2007）在 Merton（1974）的基础上，进一步在资产负债表分析中引入期权定价理论，由此形成分析公司违约风险的新方法，即或有权益分析（Contingent Claims Analysis，CCA）方法。或有权益分析方法假设股权价值是一个以公司资产为标的，以公司债务为执行价格的隐含欧式看跌期权。在公司没有发生违约的情形下，公司权益所有者获得公司的剩余索取权。公司债务的市场价值是以公司资产为标的的隐含看跌期权。该方法最重要的三个基本原则是"负债价值基于资产""负债具有不同的优先级别"和"公司资产价值服从随机过程"。通过 CCA 方法，我们能够获得包括隐含资产波动率、杠杆率、违约距离、违约概率、风险中性的信用风险溢价等指标在内的一系列风险测度指标。Gray 和 Jobst（2010，2013）从多元的视角对或有权益分析方法进行了相应的扩展，提出了系统性或有权益分析方法（SCCA）。国内学者巴曙松等（2013）对该方法进行了详细的介绍。系统性或有权益分析方法将整个金融系统看作单个金融机构或有权益的组合。它在分析单个金融机构违约风险的基础上，通过考虑各金融机构预期损失分布的联合分布及其它们之间的相依结构来计算整个金融系统的总预期损失价值。该方法主要包括如下两个步骤：第一步，利用基于期权定价理论的 CCA 方法计算单个金融机构的预期损失；第二步，在估计各金融机构各自预期损失边缘分布的基础上，利用多元极值理论同时估计单个金融机构预期损失的相依结构（Dependence Structure）及其预期损失的联合分布，进而估计联合预期损失的尾部风险测度，以得到整个金融系统的预期总损失价值和政府对金融机构担保的或有负债价值。吴恒煜等（2013）利用该方法研究了金融危机后中国银行业的系统性金融风险。巴曙松等（2013）在总结 CCA 及 SCCA 方法具有"基于市场数据，具有前瞻性""关注风险而不是回报"及"风险传导过程清晰"等优点的基础上，进一步指出，该类或有权益分析模型具有"模型假设不够贴近现实""模型的稳健性仍有所欠缺"等局限性。范小云等（2013）采用 CCA 方法和有向无环图技术（Directed Acyclic Graphs，DAG）相结合，构建银行体系风险传染网络，对我国银行系统性风险进行测度以及对系统重要性银行进行鉴别。具体而言，先利用或有权益分析法构建可以用来测度金融部门系统性风险的指标——系统性违约距离和平均违约距离，从时间维度上度量金融体系的系统性风险及其周期性特征；然后在横截面维度上，采用 DAG 技术以及基于 DAG 结果的预测方差分解考察各银行之间的风险外溢情况，并在此基础上提出了可以甄别单个金融机构系统重要性的指标——基于 DAG 的资产加权风险外溢性指标和基于预测方差分解的资产加权风险外溢性指标，以衡量哪些银行对其他银行的违约风险影响较大、传染风险较高，进而鉴别其系统重要性。李志辉等（2016）尝试在理论层面上阐明风险相依结构对系统性风险度量的重要性，并通过改进和优化 SCCA 技术，设计了基于风险相依结构的系统性风险监测指标 J – VaR。

（三）宏观审慎政策系统性金融风险评估模型（SAMP）

宏观审慎政策系统性金融风险评估模型（SAMP）是韩国中央银行在 2011 年 9 月推出的。它是由宏观风险因素概率分布、银行损益、破产传导、融资流动性风险传染、多阶段损失与系统性金融风险度量等六个模块构成的系统性金融风险综合模型体系。正如张启阳（2013）等学者所言，该模型不仅能够捕捉宏观经济冲击等共同冲击对整个金融体系的第一轮直接效应，而且能够捕捉银行间违约传染、资产抛售和去杠杆化等因素导致的传染和溢出效应，因而能够运用于如下宏观审慎监管等实践：一是监测国内主要系统重要性银行等金融机构的系统性金融风险动态；二是能够进行逆周期资本监管、流动性管理、危机救助等宏观审慎政策的模拟分析；三是能够利用该宏观审慎政策系统性金融风险评估模型进行宏观压力测试，以测度和评估金融系统在不同压力情形下的脆弱性。

2.3.4　简约模型法

简约模型法是指主要基于金融市场公开数据建立简式模型（Reduced – form Model）来测度和评估金融机构系统性金融风险的方法。基于简约模型的系统性金融风险的测度与评估方法主要具有如下优点：一是基于金融市场数据的方法具有时效性，可以从时间维度上及时反映金融部门系统性金融风险的变化情况（Huang et al.，2009），有利于宏观审慎监管当局及时监控和管理风险；二是金融机构的资产价格变化往往反映了市场对其未来表现的预期，因而具有前瞻性（Duffie，2009）；三是由于金融市场数据公开易得，该类方法往往具有较强的可操作性和实用性。在国际金融危机后，基于金融市场数据的该类系统性金融风险与系统性金融风险贡献的测度方法得到了国内外诸多学者和监管当局的广泛青睐。基于简式模型法的系统性金融风险测度方法主要有条件在险价值（Conditional Value at Risk，CoVaR）、边际预期损失（Marginal Expected Shortfall，MES）、系统性金融风险指数 SRISK 和困境保费（Distressed Insurance Premium，DIP）等。

（一）条件在险价值 CoVaR

Adrian 和 Brunnermeier（2016）借鉴广泛使用的在险价值（Value at Risk，VaR）的基本思想开创性地提出了条件在险价值（CoVaR）的概念，用于测度银行等金融机构的系统性金融风险和系统性金融风险贡献以及金融机构间的风险溢出效应。具体而言，Adrian 和 Brunnermeier（2016）将 $CoVaR_q^{j\,|\,i}$ 定义为"在金融机构 i 事件 $C(X^i)$（通常设定为 $R_t^i = VaR_q^i$）的条件下，金融机构 j 的 VaR"，即 $CoVaR_q^{j\,|\,i}$ 被隐含地定义为如（2－1）式所示的条件概率分布的 q 分位数。

$$Pr(X^j \leqslant CoVaR_q^{j\,|\,C(X^i)}\,|\,C(X^i)) = q \qquad (2-1)$$

在该 $CoVaR_q^{j\,|\,i}$ 概念下，金融机构 i 对金融机构 j 的贡献被定义为

$$\Delta CoVaR_q^{j\,|\,i} = CoVaR_q^{j\,|\,X^i = VaR_q^i} - CoVaR_q^{j\,|\,X^i = Median^i}$$

此后，该方法得到国内外诸多学者的应用和发展。肖璞等（2012）利用 Adrian 和 Brunnermeier（2016）的 CoVaR 方法测度了中国上市商业银行之间的风险溢出效应及其单个银行对整个银行系统的系统性金融风险贡献，发现系统性金融风险贡献排名前三的银行依次是中国银行、中国建设银行和中国工商银行。白雪梅和石大龙（2014）应用该方法测度了中国公开上市的包含银行、保险、证券、信托等四类金融机构在内的 27 家金融机构在 2008—2013 年期间的系统性金融风险。他们发现，中国银行类金融机构对系统性金融风险的贡献最大，证券期货类金融机构的系统性金融风险贡献最小；金融危机期间的系统性金融风险明显高于其他时期。刘晓星等（2011）利用极值理论和 Copula 相依结构函数对 Adrian 和 Brunnermeier（2016）的 CoVaR 方法进行了扩展，构建了 EVT－Copula－CoVaR 模型，研究了美国股票市场对英国、法国、中国等股票市场的风险溢出效应。王妍和陈守东（2014）借鉴 Chernozhukov（2005）极端分位数回归的基本思想，测度了尾部极值分布下的系统性金融风险。沈悦等（2014）在 Adrian 和 Brunnermeier（2016）对 CoVaR 定义的基础上利用 GARCH－Copula－CoVaR 模型测度了中国金融业的系统性金融风险溢出效应。

针对 Adrian 和 Brunnermeier（2016）CoVaR 方法存在的诸如"没有考虑更为严重的尾部风险情形""不满足对相依结构参数的一致性特征"等缺陷，Girardi 和 Ergün（2013）对 Adrian 和 Brunnermeier（2016）的 CoVaR 方法进行了改进，将 $CoVaR_q^{j|i}$ 重新定义如下：

$$Pr(X^j \leqslant CoVaR_q^{j|i} | R_t^i \leqslant VaR_q^i) = q \qquad (2-2)$$

（二）边际预期损失（MES）

Acharya 等（2017）借鉴预期损失（Expected Shortfall，ES）的核心思想提出了边际预期损失（MES）和系统性预期损失（SES）的概念。其中，边际预期损失是指整个金融市场大幅下跌时，单个金融机构股权价值的预期损失；系统性预期损失是指在发生系统性金融危机事件时，金融机构权益资本低于目标水平的数量。显然，SES 的计算是基于真实发生的危机事件，因而 SES 适用于发生过真正意义上系统性金融风险的金融体系，而无法测度在危机事件尚未发生情形下金融机构的系统性金融风险（张晓玫和毛亚琪，2014）；MES 和 SES 能够度量分位数以外的所有损失，具有可加性，因而能够在一定程度上消除 VaR 存在的不可加性等缺陷。Brownlees 和 Engle（2017）在 DCC – GARCH 模型的框架内，推导了单个金融机构短期边际预期损失（MES）和长期边际预期损失（LRMES）的计算公式。赵进文和韦文彬（2012）利用该 MES 测度了中国银行业的系统性金融风险。张晓玫和毛亚琪（2014）利用该 LRMES 方法测度了中国上市商业银行的系统性金融风险。Banulescu 和 Dumitrescu（2015）进一步将规模因素纳入 MES 的计算中，提出了成分预期损失（Component Expected Shortfall，CES）的概念：当市场权重发生变化时，该金融机构系统性金融风险的变化情况，即单个金融机构对整个金融系统的系统性金融风险贡献。显然，成分预期损失（CES）不仅考虑了机构权重因素（如规模、市场、杠杆率等）对系统性金融风险的影响，而且满足"系统性金融风险分配净尽定理"，即整个金融系统的系统性金融风险可以被分解成单个金融机构的系统性金融风险贡献。苏明政等（2013）利用该成分预期损失 CES 方法评估了我国上市商业银行的系统性金融风险贡献。

（三）系统性金融风险指数（SRISK）

在借鉴 Acharya 等（2017）学者研究成果的基础上，Brownlees 和 Engle（2012，2017）基于压力测试的思想，考虑杠杆等因素构建了新的系统性金融风险测度指标"系统性金融风险指数"（Systemic Risk Index，SRISK），用于测度和衡量金融机构的系统性金融风险贡献。SRISK 指数的构建如下所示：

$$SRISK_{it} = kD_{it} - (1-k)W_{it}(1 + LRMES_{it}) \qquad (2-3)$$

该指标计算过程中用到的四个主要参数分别是资本充足率 k、负债的账面价值 D、长期边际预期缺口（Long Run Marginal Expected Shortfall，LRMES）和金融机构的当前市值 W。SRISK 可直接用于度量金融机构的系统性金融风险贡献；所有金融机构的 SRISK 指数相加即可测度整个金融系统的资本不足程度。国内学者王广龙等（2014）对该方法进行了详细的介绍，分析了 SRISK 指数的优点和不足；基于我国与欧美银行业比较的视角提出了相应的政策建议。

（四）困境保费（DIP）

Huang 等（2009）基于压力测试的思想提出了评估主要金融机构系统性金融风险的新框架"困境保费"（DIP）。该框架主要包括如下三个步骤：一是估计决定投资组合风险的两个关键指标"违约概率"（Probability of Default，PD）和"资产收益相关性"（Asset Return Correlation）；二是基于前瞻性的下一期的违约概率和资产相关性，构建金融系统的系统性金融风险指标"困境保费"（DIP），即抵御银行部门重大损失的保险价格；三是基于压力测试的目的，检验违约风险与宏观金融因素的动态联系。

综上所述，2008 年国际金融危机后，国内外学者对系统性金融风险与系统性金融风险贡献的测度与评估进行了大量的探索。指标法、网络分析法、结构模型法与简约模型法等测度和评估方法各有其优点和不足。正如 Bisias 等（2012）等学者所言，系统性金融风险及其系统性金融风险贡献的测度和评估还处在探索阶段，尚需进一步完善和发展。它们不仅需要得到经济金融及统计等相关理论的验证，也需要宏观审慎监管等实践的检验和反馈。本书在 CoVaR 测度现有研究的基础上继续进行完善和发展。

诸多研究表明，金融资产或者金融机构在市场行情下行或危机的阶段通常具有比正常状态更强的相关关系（Longin & Solnik，2001；Ang & Chen，2002），并且这种相关关系往往呈现非线性、非对称的特征（Mishkin，2011）。显然，传统的 Pearson 线性相关系数往往不能有效捕捉这种非线性、非对称的关系。据我们所知，除 Jiang（2012）和沈悦等（2014）等少数文献外，关于系统性金融风险与系统性金融风险贡献测度的现有文献，如 Adrian 和 Brunnermeier（2016）、Girardi 和 Ergün（2013）及肖璞等（2012）等，尚没有充分地关注和解决这一问题。根据 Patton（2012）等学者的研究成果，随机变量之间潜在的非线性、非对称相关关系能够利用 Copula 相依结构函数来捕捉。因而，本书第四章拟利用 Copula 相依结构理论对 Adrian 和 Brunnermeier（2016）、Girardi 和 Ergün（2013）等学者现有的 CoVaR 测度方法进行扩展，以得到适用于不同常数型和时变型 Copula 相依结构函数的动态系统性金融风险测度方法，以捕捉金融机构与金融系统潜在的非线性、非对称相依结构。

据我们所知，除 Jiang（2012）、Girardi 和 Ergün（2013）外，关于系统性金融风险测度的现有文献基本上没有涉及后验分析。而我们认为，后验分析（Backtesting Analysis）是确保系统性金融风险和系统性金融风险贡献等风险测度准确性和应用价值的重要环节和必备步骤。与 Girardi 和 Ergün（2013）不同，我们认为，严谨的后验分析不仅需要适用于系统性金融风险测度 CoVaR，也需要适用于系统性金融风险测度中条件事件的临界值 VaR；而且它们应该同时满足"无条件覆盖性检验""独立性检验"和"条件覆盖性检验"。本书第五章拟在借鉴 Kupiec（1995）、Christoffersen（1998）及 Girardi 和 Ergün（2013）等学者研究成果的基础上，构建适用该动态系统性金融风险测度 CoVaR 的严谨后验分析框架，以验证该动态系统性金融风险测度方法的准确性和应用价值。

2.4　系统性金融风险的防范：宏观审慎监管

在全球反思金融监管的浪潮中，构建宏观审慎政策体系，加强宏观审慎监管，促进宏观审慎监管与微观审慎监管的有机结合已经成为金融稳定理事会（FSB）和国际货币基金组织（IMF）等国际组织及美国、英国以及欧盟等国家和地区金融监管改革建议和改革政策的核心内容。换句话说，"宏观审慎监管是防范系统性金融风险的良药"已经成为理论界和金融监管当局的共识。该部分拟从"宏观审慎监管的概念、内涵与目标""宏观审慎监管的国际实践与探索"与"宏观审慎监管的政策工具"等方面来进行综述。

2.4.1　宏观审慎监管的概念、内涵与目标

"宏观审慎"既不是新的概念，也不是新问题，其概念和内涵随着金融监管历程的演进而演进和发展。根据 Borio（2003）和张晓朴（2010）等学者的研究，国际清算银行（BIS）的前身，库克委员会（Cooke Committee）在20世纪 70 年代末起草的一份背景文件中首次使用了"宏观审慎"一词，用于阐明"金融监管应该具有系统性的宏观视野"的观点。国际清算银行在 1986 年开始在公开文件中正式引用"宏观审慎"一词。时任国际清算银行行长的 Crockett 于 2000 年第一次尝试界定"宏观审慎"的概念。他在一次公开演讲中

提出分两个层面来划分金融监管，即以确保单个金融机构稳健为目标的微观审慎监管和以维护整个金融体系稳定为目标的宏观审慎监管（Borio，2003）。此后"宏观审慎监管"逐渐进入理论研究的视野，并出现在相关的政策报告和研究中。但真正引起监管当局和理论研究广泛关注和认同还是在 2008 年国际金融危机爆发后的全球反思金融监管的浪潮中。针对当时对宏观审慎监管内涵认识模糊、界定不清等一系列问题，金融稳定理事会（FSB）、国际货币基金组织（IMF）和国际清算银行（BIS）在 G20 戛纳峰会上发布的题为《宏观审慎政策工具和框架》的报告对"宏观审慎政策"进行了明晰的界定。它将"宏观审慎政策"定义为"以防范系统性金融风险为目标，以运用审慎工具为手段，而且以必要的治理架构为支撑的相关政策"。显然，宏观审慎监管是相对于微观审慎监管而言的。正如 Borio（2003，2009）等学者所言，与微观审慎监管相比，宏观审慎监管不仅采取的监管措施不同，而且其着眼的监管对象和监管目标都不同。微观审慎监管的对象是单个金融机构，其目标是防范单个金融机构的风险，保障单个金融机构的稳健，以维护金融消费者及其利益相关者的合法权益。宏观审慎监管的对象是整个金融体系，其目标是防范系统性金融风险，以维护金融系统的整体稳定。

诸多学者（Borio，2009；Galati & Moessner，2013；张健华和贾彦东，2012；钟震，2012）认为，宏观审慎监管应该从横截面和时间两个维度来关注和解决系统性金融风险问题。从横截面维度（Cross – Sectional Dimension）看，宏观审慎监管关注的是在任意时间点上系统性金融风险在整个金融系统的分布，其重点是推进对系统重要性机构、市场和产品的监管，其目的是弱化或减少金融系统内部潜在的关联性，进而降低系统性金融风险的集中度。从时间维度（Time Dimension）看，宏观审慎监管关注的是系统性金融风险的动态演化过程，其重点是推进逆周期资本监管，建立逆周期资本缓冲，其目的是缓解金融体系的顺周期性。

张健华和贾彦东（2012）、Galati 和 Moessner（2013）等学者通过梳理现有研究认为，宏观审慎监管的目标是一个多层次的概念：从层次顺序看，它的目标可以依次划分为操作目标、直接目标和最终目标。其中，宏观审慎监管的操作目标是分别从横截面和时间两个维度上防范和解决系统性金融风险；直接目标是根据系统性金融风险的生成机理和不同来源，防范系统性金融风险；最终目标是维护整个金融系统的稳定，避免或减少金融不稳定对实体经济的冲击。

2.4.2　国际组织层面的宏观审慎监管实践与探索

国际货币基金组织、金融稳定理事会和国际清算银行等国际组织在 2008 年国际金融危机后对宏观审慎监管的理论和实践进行了大量的探索，如《巴塞尔协议Ⅲ》、系统重要性金融机构的评估、生前遗嘱制度等。

（一）《巴塞尔协议Ⅲ》

在反思和总结 2008 年国际金融危机的基础上，巴塞尔银行监管委员会（BCBS）于 2012 年 12 月 16 日发布了《巴塞尔协议Ⅲ》，它延续了以风险为本的监管理念，确立了微观审慎监管与宏观审慎监管相结合的金融监管模式。《巴塞尔协议Ⅲ》是巴塞尔银行监管委员会（BCBS）等国际组织对 2008 年国际金融危机进行全面反思后提出的制度性改进框架。正如王兆星（2013a）等学者所言，《巴塞尔协议Ⅲ》对《巴塞尔协议Ⅱ》存在的缺陷进行了全面的修订：一是提高了资本的质量要求，强调无论在持续经营还是破产清算阶段，银行都需要具备足够的资本吸收损失的能力；二是提出了逆周期资本缓冲和资本留存缓冲，以缓解原有资本监管框架潜在的顺周期性；三是引入杠杆率监管要求，具有一定的逆周期调节作用；四是构建了防范系统性金融风险的宏观审慎监管框架；五是高度重视执行问题。显然，在《巴塞尔协议Ⅲ》的资本监管部分，最能体现"宏观审慎监管"理念的是"系统性资本附加"和"逆周期资本缓冲"。针对 2008 年国际金融危机暴露的流动性管理与监管方面的重大缺陷，《巴塞尔协议Ⅲ》还首次建立了国际统一的流动性监管标准：流动性覆盖比率和净稳定融资比率。流动性覆盖比率（Liquidity Coverage Ratio，LCR）是指优质流动性资产储备和未来 30 天资金净流出量的比值；它旨在通过确保金融机构在未来 30 天内即使遭受严重的流动性压力情景也拥有足够数量的资本来保障其流动性需求。净稳定融资比率（Net Stable Funding Ratio，NSFR）是指可用的稳定资金和业务所需的稳定资金的比值；它旨在激励金融机构采用更加稳健的渠道和方式融通资金，以提高金融体系的长期稳健性。

（二）系统重要性金融机构的评估

巴塞尔银行监管委员会于 2011 年 11 月公布了《全球系统重要性银行：评估方法与附加资本吸收能力要求》，提出以跨境业务程度、资产规模、关联性、可替代性以及复杂性等 5 个综合指标来识别和评价银行等金融机构的系统性金融风险及其系统性重要程度，进而确定全球系统重要性银行（GSIBs）。金融稳定理事会（FSB）于 2014 年 11 月公布了最新的全球系统重要性银行名单，中国银行、中国农业银行和中国工商银行入选①。此次公布的全球系统重要性银行总共 30 家，除中国的 3 家银行外，还有 8 家美国银行、16 家欧洲银行和 3 家日本银行。

（三）生前遗嘱

所谓"生前遗嘱"（Living wills），是指金融机构的"恢复与处置计划"。它最先由金融稳定理事会（FSB）提出，金融机构应该拟定并向监管机构提交"在其自身经营失败或者陷入实质性财务困境时，快速有序的恢复和处置方案，以促使其恢复日常经营能力，或者实现其部分业务功能分拆或整体有序关闭"的制度安排。显然，生前遗嘱制度旨在防止银行业的系统性金融风险：一是防范银行业的"大而不能倒"的风险。当银行出现严重的系统性金融风险时，能够通过分拆、清算而自行解决问题。二是避免银行冒进，形成银行高管问责制，促进银行业的审慎经营。

2.4.3   国家和地区层面的宏观审慎监管实践与探索

美国、英国和欧盟等主要发达国家和地区在 2008 年国际金融危机的反思浪潮中纷纷提出相应的金融监管改革方案，以防范系统性金融风险和增强金融体系的稳健性，充分体现了宏观审慎监管的理念。

（一）美国

美国于 2010 年 7 月通过的《多德—弗兰克华尔街改革与消费者保护法案》（*The Dodd – Frank Wall Street Reforms and Consumer Protection Act*）授权成立财政部牵头、美联储以及其他联邦监管机构参与的金融稳定监督委员会（Financial Stability Oversight Council，FSOC）。该委员会的职责是识别和防范系统性金融风险，维护金融系统的稳定。该法案要求加强对系统重要性金融机构的监管：在该法案的授权下，美联储可以对危及金融体系稳定的系统重要性金融机构进行资产剥离或强制分拆；对系统重要性金融机构实施更高的资本充足率、杠杆限制、流动性和风险管理要求等。

（二）英国

通过《英国金融监管改革方案》，英国对 2008 年国际金融危机前的金融监管体制进行了重大调整：在撤销金融服务局（FSA）的同时，设立隶属于英格兰银行的审慎监管局（PRA），负责商业银行等金融机构稳健运营的审慎监管；在英格兰银行内设立金融政策委员会（FPC），负责制定宏观审慎政策。

---

① 其中，中国农业银行系首次入选全球系统重要性银行名单。

在新的金融监管体制下，英格兰银行全面负责宏观审慎监管和微观审慎监管，以更好地防范系统性金融风险，维护金融体系的稳定。

（三）欧盟

基于国际金融危机的反思和加强金融监管的需要，欧盟成员国和欧洲议会于 2010 年 9 月达成一致意见，从宏观审慎监管和微观审慎监管两个层面着手建立泛欧金融监管体系。在宏观审慎监管层面，成立欧洲系统性金融风险委员会（ESRB），负责监测系统性金融风险，对欧盟整个金融体系进行宏观审慎监管；同时，强调了欧洲中央银行应该在宏观审慎监管中发挥领导作用。在微观审慎监管层面，成立欧洲银行局（EBA）、欧洲证券与市场管理局（ESMA）和欧洲保险与职业养老金管理局（EIOPA）等三个监管局，分别负责监管欧盟的银行、证券和保险三个行业。

2.4.4　时间维度的宏观审慎监管工具

正如前文所言，时间维度的宏观审慎监管主要关注系统性金融风险的动态演化过程，尤其是金融体系的内生顺周期性；其重点是推进逆周期资本监管，建立逆周期资本缓冲；其目的是缓解金融体系潜在的顺周期性。从时间维度看，宏观审慎监管的工具主要有：

（一）逆周期资本缓冲

为了修正原有资本监管制度对银行信贷顺周期效应的放大作用，《巴塞尔协议Ⅲ》进一步增加了"逆周期资本缓冲"的资本监管要求：要求商业银行在经济周期的上行阶段主动增加资本缓冲，在经济下行的阶段主动减少资本缓冲。《巴塞尔协议Ⅲ》规定的逆周期资本缓冲水平为商业银行风险加权资产的 0 ~ 2.5%。正如张雪兰和何德旭（2014）等学者所言，逆周期资本缓冲调整机制的经济学逻辑是：经济周期的上行阶段，由于受内部评级法评级的顺周期调整和贷款需求增加等因素的影响，商业银行往往会倾向于信贷扩张，因而通过逆周期资本缓冲机制提高商业银行的资本缓冲要求，可在一定程度上抑制银行的过度放贷，以减少经济上行阶段商业银行的风险积累；经济周期的下行阶段，通过逆周期资本缓冲机制降低商业银行的资本缓冲要求，可在一定程度上缓解银行因受资本监管的资本约束而产生的惜贷行为。由此可见，逆周期资本缓冲能够在一定程度上缓解商业银行信贷的顺周期性，从而缓解金融体系潜在的系统性金融风险。然而，对于逆周期资本监管规则应当如何设置，目前尚没有达成共识。巴塞尔银行监管委员会建议以信贷与国内生产总值的比率作为逆周期资本缓冲的核心指标，并依据该指标对其长期趋势值的偏离程度来确定银行等金融机构是否计提逆周期资本缓冲及其相应的计提数量。然而，诸多学者对该指标作为逆周期资本缓冲的挂钩指标的有效性提出了诸多的质疑。

（二）前瞻性动态拨备制度

前瞻性动态拨备，是指在一般准备金和专项准备金的基础上，依据"新发放贷款的预期损失＋长期平均专项准备－根据会计准则扣除的专项准备"确定动态拨备，确保商业银行在贷款周期上行阶段提高拨备积累，以提高抵御未来风险的能力；在贷款周期下行阶段减少拨备积累，使得商业银行拥有更多能用于放贷的资金。这使得贷款拨备具有逆周期性和前瞻性的特征，进而达到熨平传统准备金制度的顺周期特性。前瞻性动态拨备制度促使商业银行在信贷扩张时期多计提准备金，既可以在事前抑制商业银行在信贷扩张时期的放贷动机，又可以在事后使商业银行冲抵相应的信贷损失。第一个将动态拨备制度引入银行监管实践的国家是西班牙。它从 2000 年开始实施动态拨备制度。因为贷款拨备应对的是预期损失，而资本监管关注的是非预期损失，所以动态拨备与逆周期资本监管工具在一定程度上是互为补充的。综观西班牙、秘鲁等国家动态拨备制度的实施情况，该制度在具体实施模式上存在诸多的明显差异。

（三）杠杆率监管

当兼具微观审慎和宏观审慎目标的杠杆率工具被动态运用时，杠杆率就成了宏观审慎监管工具。通过对 66 个国家金融危机历史数据的考察，Reinhart 和 Rogoff（2009）发现，过度的债务积累几乎是所有金融危机的主要原因。2008 年国际金融危机爆发后，将杠杆率这一政策工具引入监管体系的呼声随之高涨。《巴塞尔协议Ⅲ》将杠杆率定义为"考虑了扣减项的一级资本与调整后的表内外资产的比率"，其中，表外项目通过高信用转换系数予以反映。正如张雪兰和何德旭（2014）等学者所言，对金融机构进行杠杆率监管可以在一定程度上防止金融机构资产负债表的过度扩张和过度风险承担行为，抑制金融体系的非理性繁荣和系统性金融风险的不断积累。

（四）流动性缓冲

《巴塞尔协议Ⅲ》首次提出了全球统一的流动性监管指标：流动性覆盖率（LRC）和净稳定融资比率（NSFR）。这使得流动性监管在金融监管框架内具有与资本监管几乎同等重要的地位。正如王兆星（2013b）等学者所言，此次全球流动性监管改革的主要内容至少包括巴塞尔委员会发布的包含《流动性风险：管理与监管挑战》《稳健的流动性风险管理与监管原则》《巴塞尔Ⅲ：流动性覆盖比率与流动性风险监测工具》和《巴塞尔Ⅲ：流动性风险计量、标准和监测的国际框架》等在内的四份文件。所谓的流动性缓冲是指基于逆周期规则的流动性覆盖率等监管指标的监管工具：在经济繁荣和上行阶段，以高于100%的流动性覆盖率抑制信贷扩张；在经济萧条和下行阶段，以低于100%的流动性覆盖率缓解信贷压缩（张雪兰和何德旭，2014）。正如黄孝武和唐毅（2012）、张雪兰和何德旭（2014）等学者所言，流动性缓冲能够缓解和减少系统性金融风险的作用，主要体现在如下四个方面：一是充足的流动性缓冲可以增强债权人的信心，降低金融机构遭受挤兑的可能性；二是降低金融机构在危机时期对中央银行提供流动性的依赖程度，从而降低金融机构的道德风险；三是能够给金融机构的管理层和金融监管当局在金融机构遭遇危机时提供寻求解决方案的处理时间；四是能够在一定程度上减轻金融机构在危机时期竞相甩卖资产的外部性。

2.4.5 横截面维度的宏观审慎监管工具

正如前文所言，横截面维度的宏观审慎监管关注的是在任意时间点上系统性金融风险在整个金融系统的分布，其重点是推进对系统重要性机构、市场和产品的监管，其目的是弱化或减少金融系统内部潜在的关联性，进而降低系统性金融风险的集中度。从横截面维度看，宏观审慎监管的工具主要有：

（一）系统重要性金融机构（SIFIs）的识别

巴塞尔银行监管委员会（BCBS）于2011年11月公布了《全球系统重要性银行：评估方法与附加资本吸收能力要求》，提出以跨境业务程度、资产规模、关联性、可替代性以及复杂性等5个综合指标来识别和评价银行等金融机构的系统性金融风险及其系统重要性程度，进而确定全球系统重要性银行（GSIBs）。除了这类利用指标法进行银行等系统重要性金融机构的识别外，国内外诸多学者尝试从网络分析法、简约模型法、结构模型法等视角对金融机构的系统性金融风险、系统性金融风险贡献与系统重要性测度和评估进行了大量的理论探索。然而正如Bisias等（2012）等学者所言，这些系统性金融风险测度方法和概念框架可能还处在"婴儿"阶段，尚需要进一步完善和发展。

（二）系统重要性金融机构（SIFIs）的监管

对系统重要性金融机构的监管主要体现在如下方面：一是通过"系统性资本附加"等监管工具强化对系统重要性金融机构的监管，提高其损失的吸收能力；二是通过"生前遗嘱制度"等监管工具完善系统重要性金融机构的处置和退出机制；三是加强金融市场基础设施建设以降低系统重要性金融机构倒闭和破产所产生的风险传染和溢出效应。

（三）强化场外衍生品的监管

为了吸取和总结 2008 年国际金融危机的教训，诸多国际组织和美国等发达国家积极推动对场外（Over – The – Counter，OTC）衍生产品交易的规范和监管，如推动合约的标准化、建立中央对手制度、鼓励进行场内交易等，以降低由场外衍生产品交易所导致的系统性金融风险传染扩散的速度。

（四）系统性金融风险税

Acharya 等（2010）建议采用类似于联邦存款保险公司（Federal Deposit Insurance Corporation，FDIC）的做法，基于金融机构的系统性金融风险贡献征收相应的系统性金融风险税，建立一个系统性金融风险基金，使金融机构承担与其系统性金融风险贡献相当的负外部性成本，以减少金融机构成为"大而不能倒"系统重要性金融机构的激励。国际货币基金组织（2010）提出了类似的建议，以除股本和受保险存款以外的银行负债为标的，向银行等金融机构征收"金融稳定贡献税"，用以成立相应的"纾困基金"，以用于支付银行等金融机构在金融危机期间潜在的救助成本。

无论是理论层面还是实践层面，作为防范系统性金融风险良药的宏观审慎监管在 2008 年国际金融危机爆发后的金融监管反思和改革中均取得了较大进展。但正如 Bisias 等（2012）、张健华和贾彦东（2012）等学者所言，宏观审慎监管的理论研究和实践探索仍处在起步阶段，尚需进一步完善、发展和验证。

3. 中国银行业系统性金融风险的 生成机理分析

自 2012 年底以来，中国政府和"一行三会"等金融监管当局多次强调要"坚决守住不发生系统性金融风险的底线"①。中共中央总书记、国家主席习近平 2017 年 7 月 14—15 日在北京召开的全国金融工作会议上强调，防止发生系统性金融风险是金融工作的永恒主题；要把主动防范化解系统性金融风险放在更加重要的位置，科学防范，早识别、早预警、早发现、早处置，着力防范化解重点领域风险，着力完善金融安全防线和风险应急处置机制。党的十九大报告明确指出，要健全金融监管体系，守住不发生系统性金融风险的底线。2017 年 12 月 18—20 日召开的中央经济工作会议在确定今后 3 年要重点抓好决胜全面建成小康社会的防范化解重大风险、精准脱贫和污染防治三大攻坚战的基础上，强调打好防范化解重大风险攻坚战的重点在于防控金融风险。这一方面说明中国经济在多年的高速增长过程中积累了一定的系统性金融风险，另一方面反映中国政府和"一行三会"等监管当局开始正视系统性金融风险，并高度重视对系统性金融风险的防范。该部分拟从经济新常态与经济下行、房地产价格泡沫、影子银行体系、地方政府债务和人民币国际化与国际资本流动等潜在"灰犀牛"的视角来探讨中国银行业系统性金融风险的生成机理。

3.1 经济新常态与经济下行

中国银行业在 2008 年国际金融危机之后经历了长期的刚性信贷扩张，呈

---

① 2013 年中国人民银行工作会议指出，要"加强金融风险监测和排查，牢牢守住不发生系统性、区域性金融风险的底线"；2014 年中国人民银行工作会议强调，要"加强金融风险监测、排查和监管协调，牢牢守住不发生系统性金融风险的底线"；2015 年中国人民银行工作会议进一步强调，要"采取综合措施确保不发生区域性系统性金融风险"。

现出"信贷高速扩张—风险资产累积—再融资—再扩张"的发展模式（潘功胜，2012）。据廖岷（2014）统计[①]，2008—2013 年，中国银行业的各项贷款余额平均增速远远超过同期的 GDP 增长速度，高达 19%；相应的银行业资产与国民生产总值的比率持续增长至 260%，在世界主要国家中仅次于英国；同时，中国银行业信贷的资金投向呈现长期化的趋势，相应的银行业存贷款平均期限差由 2006 年的 1.87 扩大到 2013 年的 2.87。

正如张茉楠（2014a）等学者所言，以"经济增长速度进入换挡期""经济结构调整面临阵痛期"和"前期刺激政策消化期"为特征的"三期"叠加是当前中国经济所面临的阶段性特征，而且可能是中国经济在未来一段较长的时间内需要面临的"新常态"。由表 3－1 可知，当前中国经济正在由过去持续的高速增长阶段向中高速增长阶段过渡，中国面临着经济持续下行的压力。如果经济持续下行超过一定的度，企业偿还银行的贷款能力就可能被削弱，由此造成商业银行不良贷款[②]的增加和资产质量的下降；伴随着银行不良贷款的增加和资产质量的下降，商业银行对企业的信贷投放能力下降，由此导致企业投资的减少，进而经济的进一步下行。由此形成"经济下行—企业偿还贷款能力削弱—商业银行不良贷款增加和资产质量下降—商业银行信贷投放减少—企业投资减少—经济进一步下行"的恶性循环。

表 3－1　　　　　　　　2000—2018 年中国 GDP 增速一览表

年份	GDP 增速	年份	GDP 增速	年份	GDP 增速
2000	8.43	2007	14.16	2014	7.4
2001	8.3	2008	9.63	2015	6.9
2002	9.08	2009	9.21	2016	6.7
2003	10.03	2010	10.45	2017	6.8
2004	10.09	2011	9.3	2018	6.6
2005	11.31	2012	7.65	—	—
2006	12.68	2013	7.67	—	—

注：数据来源于中国宏观经济统计数据库。

---

① 该数据来源于原上海银监局廖岷局长主持的题为《中国金融系统性金融风险与宏观审慎监管》课题相关成果发布的主题演讲，详见《21 世纪经济报道》2014 年 9 月 15 日第 023 版。
② 1995 年中国人民银行制定的《贷款分类指导原则》按风险程度将商业银行的贷款分成正常、关注、次级、可疑与损失等五类，其后三类被称为不良贷款。

在以"三期叠加"为特征的"经济新常态"和经济持续下行的压力下，中国经济的不平衡性风险与脆弱性风险可能进一步凸显，相应的以"去杠杆""去泡沫"和"去产能"为特征的"去化"风险最为突出。2015 年 12 月召开的中央经济工作会议，将"去杠杆""去产能"和"去库存"等作为 2016 年经济工作"三去一降一补"五大主要任务的重要组成部分。2016 年底召开的中央经济工作会议强调，2017 年要深入推进"三去一降一补"以深化供给侧结构性改革。去产能方面，要继续推动钢铁、煤炭行业化解过剩产能，要抓住处置"僵尸企业"这个牛鼻子。去杠杆方面，要在控制总杠杆率的前提下，把降低企业杠杆率作为重中之重。根据 2014 年国际货币基金组织发布的《中国宏观经济发展和政策报告》，除房地产企业和建筑企业外，中国的私营企业从 2007 年开始一直在"去杠杆化"，但与私营企业形成鲜明对比的是，国有企业的杠杆率呈现小幅的上升。房地产企业和建筑企业（尤其是属于国有企业的房地产企业和建筑企业）的杠杆率得到较大幅度地提升。无论是国有企业，还是房地产企业和建筑企业，商业银行都是其负债的主要最终来源。受地方 GDP 冲动和国际金融危机之后"四万亿"经济刺激计划等因素的影响，当前中国面临的过剩产能并不局限于钢铁、水泥、煤炭这样的传统制造业，诸如光伏、风电、造船以及部分基础设施领域均存在普遍的产能过剩。如果内外需持续萎缩、产能过剩加剧，未来企业盈利能力会持续下降，企业就会不可避免地遭遇"去杠杆"的问题。这不是基于企业自身意愿的"去杠杆"，而是由于企业盈利能力下降无法向银行还本付息的被动的"去杠杆"，其背后则是很多企业被动违约的过程。与这"去化"风险相伴随的必然是中国银行业资产质量的下降和不良贷款的上升。

诸多研究表明，商业银行的资产质量与宏观经济周期具有较强的正向相关关系，往往呈现周期性波动。在经济上行阶段，商业银行的信贷规模往往呈现顺周期的扩张。在"涨潮效应"的作用下，商业银行和相应的贷款企业往往会选择性忽视风险，以致为经济下行阶段的商业银行资产质量下降埋下伏笔。在经济下行阶段，与商业银行信贷相关的资产价格，如房地产价格和土地价格，可能在"落潮效应"的作用下迅速从高位回落。这常常构成商业银行资产质量下降甚至恶化的导火索。权威人士 2016 年在《人民日报》题为《开局首季问大势——权威人士谈当前中国经济》刊文中明确指出，"中国经济运行不可能是 U 形，更不可能是 V 形，而是 L 形的走势"，并且"这个 L 形是一个阶段，不是一两年能过去的"。①

---

① http：//news. xinhuanet. com/politics/2016 - 05/09/c _ 128969382 _ 5. htm。

　　表 3-2 是中国 16 家上市商业银行 2008—2017 年的不良贷款率的变化情况。我们可以看到，中国 16 家上市商业银行的不良贷款率都存在不同程度的持续反弹和攀升。表 3-3 是 2018 年中国银行业总体和分机构类不良贷款率的变化情况。我们发现，无论是大型商业银行，还是股份制商业银行和城市商业银行，它们的不良贷款率自 2002 年以来均呈现不同程度的攀升态势。这表明中国银行业的资产质量正在持续下行。根据陆岷峰和陶瑞（2014）等学者的统计分析，中国银行业当前的资产质量下行主要表现如下：一是商业银行的不良贷款总余额仍在增加；二是商业银行总资产的增长速度放缓；三是不同商业银行的不良贷款上升程度存在较大差异。当前，中国商业银行的不良贷款从分布结构看，主要集中暴露于部分行业和地区：从地区上看，新增不良贷款主要集中在中国东部沿海地区；从行业看，制造业、房地产业和批发零售业是中国新增不良贷款的主要来源。

表 3-2　　　　2008—2017 年中国上市商业银行不良贷款率一览表　　　单位：%

年份	2008	2009	2010	2011	2012	2013	2014	2015	2016	2017
中国银行	2.65	1.52	1.1	1	0.95	0.96	1.18	1.43	1.46	1.47
工商银行	2.29	1.54	1.08	0.94	0.85	0.94	1.13	1.5	1.62	1.55
建设银行	2.21	1.5	1.14	1.09	0.99	0.99	1.19	1.58	1.52	1.49
农业银行	—	—	2.03	1.55	1.33	1.22	1.52	2.39	2.37	1.81
光大银行	—	—	0.75	0.64	0.74	0.86	1.19	1.61	1.6	1.59
平安银行	0.68	0.58	0.53	0.95	0.89	1.02	1.02	1.45	1.74	1.7
浦发银行	1.21	0.8	0.51	0.44	0.58	0.74	1.06	1.56	1.89	2.14
招商银行	1.11	0.82	0.68	0.56	0.61	0.83	1.11	1.68	1.87	1.61
民生银行	1.2	0.84	0.69	0.63	0.76	0.85	1.17	1.6	1.68	1.71
华夏银行	1.82	1.5	1.18	0.92	0.88	0.9	1.09	1.52	1.67	1.76
兴业银行	0.83	0.54	0.42	0.38	0.43	0.76	1.10	1.46	1.65	1.59
中信银行	1.36	0.95	0.67	0.6	0.74	1.03	1.3	1.43	1.69	1.68
交通银行	1.92	1.36	1.12	0.86	0.92	1.05	1.25	1.51	1.52	1.5
宁波银行	0.92	0.79	0.69	0.68	0.76	0.89	0.89	0.93	0.91	0.82
南京银行	1.64	1.22	0.97	0.78	0.83	0.89	0.94	0.83	0.87	0.86
北京银行	1.55	1.02	0.69	0.53	0.59	0.65	0.86	1.12	1.27	1.24

　　数据来源：CSMAR 数据库。

表 3 - 3　　2018 年中国银行业总体和分机构类不良贷款率的变化情况

季度	第一季度	第二季度	第三季度	第四季度
大型商业银行	1.50	1.48	1.47	1.41
股份制商业银行	1.70	1.69	1.70	1.71
城市商业银行	1.53	1.57	1.67	1.79
民营银行	0.57	0.57	0.48	0.53
农村商业银行	3.26	4.29	4.23	3.96
外资银行	0.66	0.63	0.73	0.69

数据来源：中国银行保险监督管理委员会发布的相关统计信息。

正如王勇（2014）等学者所言，在以"前期刺激政策消化期""经济结构调整阵痛期"和"增长速度换挡期""三期叠加"为特征的"经济新常态"和经济持续下行的情境下，不良贷款可能成为中国银行业系统性金融风险的"管涌"。一是在"三期叠加"和经济持续下行的压力下，房地产行业和地方债务平台的贷款风险与产能过剩行业的贷款风险可能轮番登场，使得商业银行的不良贷款不断承压。二是近年来中国银行业的非传统投融资模式不断增多，部分信贷资金通过同业等相关渠道流向了诸如产能严重过剩行业、地方投融资平台等难以获得信贷支持的高风险领域，呈现出"交易对手多元化""违规操作隐蔽化"和"风险特征复杂化"等特征。三是"倒贷"不良贷款的现象盛行。在经济下行阶段，企业因流动性问题无法按时偿还到期贷款或支付贷款利息，于是向第三方筹集资金偿还银行到期贷款或利息，并再次向银行申请贷款。在获得商业银行贷款的情况下，企业立即向第三方偿还"倒贷"的资金本息。由于"倒贷"中第三方往往是民间借贷或非银行金融机构，一旦"倒贷"的企业出现资金链中断，信用风险可能在非银行体系与银行体系之间交叉传染，由此导致银行业的不良贷款率急剧上升。一旦不良贷款超过商业银行自身可以承受的范围，出现流动性危机或违约危机，则极可能产生多米诺骨牌效应，引发中国银行业的系统性金融风险。

综上所述，以"三期叠加"为特征的"经济新常态"与经济下行的宏观经济环境对中国银行业系统性金融风险的潜在传递路径如图 3 - 1 所示。在以"前期刺激政策消化期""经济结构调整阵痛期"和"增长速度换挡期""三期叠加"为特征的"经济新常态"和经济持续下行的情境下，中国经济运行或许在一个较长的时间内呈现"L"形的走势。如果内外需持续萎缩、产能过剩加剧，企业的盈利能力必将持续下降，进而导致企业被动违约，不可避免地启动被迫"去杠杆"的进程。与这相伴随的必然是中国银行业资产质量的下降和不良贷款的上升。同时，由于商业银行基于"涨潮效应"作用在经济上行阶段选择性忽略风险往往会导致经济下行阶段"落潮效应"显现，即进一步加剧商业银行资产质量的下降和不良贷款的上升。一旦不良贷款超过商业银行自身可以承受的范围，出现流动性危机或违约危机，则极可能产生多米诺骨牌效应，引发中国银行业乃至整个金融业的系统性金融风险。

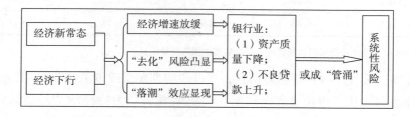

图 3 – 1   经济新常态与经济下行对中国银行业系统性金融风险的潜在传递路径

3.2   房地产价格泡沫

上海银监局廖岷局长（2014）在题为《中国金融系统性金融风险与宏观审慎监管》的课题报告中指出，房地产是当前能够引发中国银行业系统性金融风险的重要行业隐患。当前，中国银行业房地产信贷呈现"高行业集中度""高商业地产占比"和"高一线城市占比"等特征。这在一定程度上集中体现了中国银行业房地产信贷在总量和结构等方面存在着诱发系统性金融风险的隐患和脆弱点。所谓的"高行业集中度"是指房地产贷款和房地产抵押贷款在中国银行业各项贷款中的比重高达约 35%。就商业地产占比而言，商业地产贷款在中国银行业全部贷款中的比例高达 12%。就一线城市占比而言，北京、上海、广州、深圳、天津、重庆等一线城市的房地产贷款在中国银行业全部房地产贷款中的比重高达 29%。

在房地产价格上行或房地产价格合理反映基本面的情况下，中国房地产信贷指标的上述"三高"特征可能并不存在诱发中国银行业系统性金融风险的隐患。但一旦房地产价格持续偏离基本面，出现"房地产泡沫"，那么房地产信贷在总量和结构上的上述"三高"特征将极有可能成为诱发中国银行业系统性金融风险的重要隐患。

3.2.1　房地产基本价值决定因素分析

关于房地产价格是否符合基本面，是否包含泡沫成分，我们借鉴 Campbell 和 Shiller（1987，1988）、Costello 等（2011）及王锦阳和刘锡良（2015）等学者的研究成果，构建如下既包含房地产报酬率时变性，又包含房地产报酬率风险溢价因子的房地产基本价值模型。

假设真实房地产价格（P_t）由房地产基本价值（P_t^f）与泡沫成分（B_t）两部分构成：在不存在泡沫的情形下，即 $B_t = 0$，$P_t = P_t^f$；否则，$P_t = P_t^f + B_t$。家庭持有房地产的报酬主要来源于两部分：一是房地产价格的变化，二是房地产所提供的服务流。这用公式表示如下：

$$\rho_t = \left[(P_{t+1} - P_t) + Q_t \right] / P_t，即 1 + \rho_t = (P_{t+1} + Q_t) / P_t \qquad (3-1)$$

其中，ρ_t 表示房地产在第 t 期的报酬率；P_t 和 P_{t+1} 分别表示第 t 期和第 $t+1$ 期的房地产价格；Q_t 表示房地产在第 t 期所提供的服务流。

经变形、推导和求解，我们能得到房地产的基本价值 P_t^f 如式（3-2）所示：

$$P_t^f = \exp\left[\frac{k-\theta}{1-\mu} + (e_2 - e_3) \cdot A \cdot (I - \mu A)^{-1} Z_t + q_{t-1} \right] \qquad (3-2)$$

其中，$k = -\ln\mu - (1-\mu)(\overline{q_t - p_{t+1}})$，$\mu = 1/[1 + \exp(\overline{q_t - p_{t+1}})]$，$(\overline{q_t - p_{t+1}})$ 是房地产所提供服务流与房地产价格比对数的样本均值；$r_t = \ln(1 + \rho_t)$ 表示房地产在 t 期的报酬率，显然当 ρ_t 较小时，$r_t \approx \rho_t$；θ 表示风险溢价因子，即房地产在第 t 期的报酬率；r_t 由时变的无风险利率 r_t^f 和风险溢价因子 θ 两部分构成，即 $r_t = r_t^f + \theta$；$e_2 = (0,1,0)$，$e_3 = (0,0,1)$；q_{t-1} 表示房地产在第 $t-1$ 期所提供的服务流 Q_{t-1} 的对数；$\pi_t = p_t - q_{t-1}$，即第 t 期的房地产价格与服务流比的对数；$Z_t = (\pi_t, \Delta q_{t-1}, r_{t-1}^f)'$；方阵 A 是无常数项 VAR 模型 $Z_t = A Z_{t-1} + \varepsilon_t$ 的估计系数矩阵；I 表示与方阵 A 维数相同的单位矩阵。

房地产所提供的服务流在现实生活中往往很难确切地观察到，房地产租金是它在现实生活中的一种表现形式。然而，由于在房地产市场上有相当比例属于自有住宅，因而往往缺乏能够反映房地产市场全貌的显性的连续房租数据序列，进而房地产价格租金比序列（梁云芳和高铁梅，2007）。我们借鉴 Black 等（2006）、Costello 等（2011）和王维（2009）等学者的做法，假设房地产提供的服务流 Q_t 是城镇人均可支配收入的固定比例，由此在实证分析中，我们可以将城镇人均可支配收入的对数作为 q_t 的代理变量，将房地产价格与城镇人均可支配收入比的对数作为 π_t 的代理变量。正如周京奎（2006）等学者所言，随着房地产市场化程度的不断加深，房地产市场的购房资金绝大部分来自银行，因而可以在实证研究中将真实贷款利率作为房地产无风险报酬率 r_t^f 的代理变量。

　　基于数据可得性和房地产异质性等因素，我们选择北京、天津、上海和重庆四个直辖市住宅房地产市场的经验数据来研究这四个直辖市住宅房地产市场的住宅基本价值。这四个直辖市的住宅真实价格与基本价值的动态演化如图3－2所示。我们发现，如式（3－2）所示的房地产基本价值模型有效地捕捉了北京、天津、上海和重庆四个直辖市真实住宅价格的动态演化特征。这表明，"城镇人均可支配收入的持续增长"和"高通货膨胀率引致的低真实利率"是推动房地产基本价值持续上涨，进而真实房地产价格持续上涨的两个重要因素。

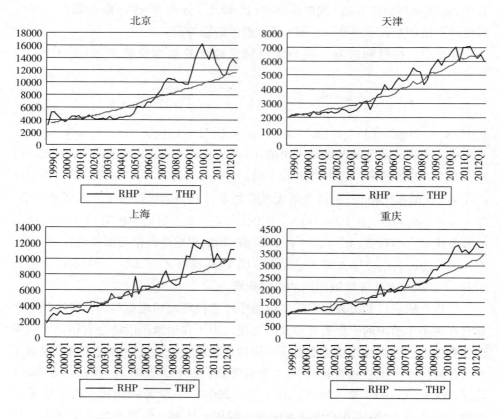

图3－2　四个直辖市住宅真实价格与基本价值的动态演化图

3.2.2　房地产价格泡沫对中国银行业系统性金融风险的潜在传递路径

通过北京、天津、上海和重庆四个直辖市住宅房地产价格基本价值与泡沫成分的实证分析，我们可以得知，"城镇人均可支配收入的持续增长"和"高通货膨胀率引致的低真实利率"是推动房地产基本价值持续上涨，进而真实房地产价格持续上涨的两个重要因素。然而在以"前期刺激政策消化期""经济结构调整阵痛期"和"经济增速换挡期"为特征的"三期叠加"和经济持续下行的背景下，支撑房地产基本价值进而房地产价格持续上涨的这两个因素都有可能发生逆转。

正如前文所述，权威人士在《人民日报》题为《开局首季问大势——权威人士谈当前中国经济》刊文中明确指出，"我国经济运行不可能是 U 形，更不可能是 V 形，而是 L 形的走势"，"这个 L 形是一个阶段，不是一两年能过去的"。[1] 由表 3 - 4 可知，中国城镇人均可支配收入的增速如同经济增速一样进入相应的换挡期，由往年基本上 10% 以上的增长率持续下降到 7% ~ 8% 的水平。表 3 - 5 是 2000—2018 年中国城镇居民消费价格指数的变化情况。我们不难发现，近年来中国通货膨胀率在 2% 左右徘徊。

表 3 - 4　　2001—2018 年中国城镇居民人均可支配收入及其增速

年份	人均收入（元）	增速	年份	人均收入（元）	增速
2001	6859.6	0.09	2010	19109.44	0.11
2002	7702.8	0.12	2011	21809.78	0.13
2003	8472.2	0.10	2012	24564.7	0.12
2004	9421.6	0.11	2013	26955.1	0.09
2005	10493	0.11	2014	28844	0.07
2006	11759.5	0.11	2015	31195	0.08
2007	13785.81	0.16	2016	33616	0.08
2008	15780.76	0.14	2017	36396	0.08
2009	17174.65	0.08	2018	36413	0.08

数据来源：中国宏观经济统计数据库。

---

[1]　http：//news. xinhuanet. com/politics/2016 - 05/09/c _ 128969382 _ 5. htm。

表 3 – 5   2000—2018 年中国城镇居民消费价格指数

年份	CPI	年份	CPI	年份	CPI
2000	100. 8	2007	104. 5	2014	102. 1
2001	100. 7	2008	105. 6	2015	101. 4
2002	99	2009	99. 1	2016	101. 4
2003	100. 9	2010	103. 2	2017	102. 4
2004	103. 3	2011	105. 3	2018	102. 2
2005	101. 6	2012	102. 68	—	—
2006	101. 5	2013	102. 6	—	—

数据来源：中国宏观经济统计数据库。

中国人民银行公布的中国金融数据显示，2016 年 7 月人民币贷款增加 4636 亿元；分部门看，住户部门贷款增加 4575 亿元，其中，短期贷款减少 197 亿元，中长期贷款增加 4773 亿元。我们不难发现，7 月人民币新增贷款几乎全部来自房地产领域。2016 年 7 月底召开的中共中央政治局会议明确指出要"抑制资产泡沫"。2016 年 12 月 14—16 日召开的中央经济工作会议首次提出"房子是用来住的，不是用来炒的"的定位，强调要"综合运用金融、土地、财税、投资、立法等手段，加快研究建立符合国情、适应市场规律的基础性制度和长效机制，既抑制房地产泡沫，又防止出现大起大落"，"在宏观上管住货币，微观信贷政策要支持合理自住购房，严格限制信贷流向投资投机性购房"。2019 年 7 月 30 日召开的中央政治局会议在强调"坚持房子是用来住的，不是用来炒的定位，落实房地产长效管理机制"的同时，首次明确提出"不将房地产作为短期刺激经济的手段"。随着房地产调控政策的转变和持续推进，房地产信贷政策以推进房地产"去库存"的宽松货币政策（如房贷利率打折）向"抑制房地产泡沫"的从紧货币政策（如房贷利率上浮）转变。

基于上述对决定房地产基本价值的"城镇人均可支配收入""通货膨胀率"和"银行利率"三个因素的判断，我们认为，在"三期叠加"和经济持续下行的背景下，当前中国至少在局部房地产市场上存在房地产基本价值逆转的风险，即至少在局部房地产市场存在房地产价格泡沫的风险。正如张茉楠（2014b）等学者所言，随着中国局部房地产市场房价的大幅下降及"房地产泡沫破灭论"和"房地产市场拐点论"的升温，中国局部房地产市场的脆弱性与波动性正在显现。

房地产价格泡沫对中国银行业系统性金融风险的潜在传递路径如图 3 – 3 所示。"城镇人均可支配收入的持续增长"和"高通货膨胀率引致的低真实利率"是推动房地产基本价值持续上涨，进而真实房地产价格持续上涨的两个重要因素。在"三期叠加"和经济持续下行的情况下，受城镇居民人均可支配收入增长放缓、通货膨胀率下降和银行贷款利率上升等潜在因素的影响，当期中国至少在局部房地产市场存在房地产基本价值逆转的风险，换句话说，至少在局部房地产市场存在房地产价格泡沫破裂的风险。由于局部房地产市场的价格泡沫成分之间存在着广泛的溢出效应，因而，中国局部房地产市场的波动和脆弱性会从一个地方传导到另一个地方，从而触发中国房地产市场大面积的震荡。中国银行业房地产信贷呈现"高行业集中度""高商业地产占比"和"高一线城市占比"等特征，这将使得中国房地产市场的震荡最终传导到中国银行体系内，导致中国银行业资产质量的下降，不良贷款率的上升。一旦不良贷款超过中国银行业的承受范围，则极有可能触发中国银行业的系统性金融风险。

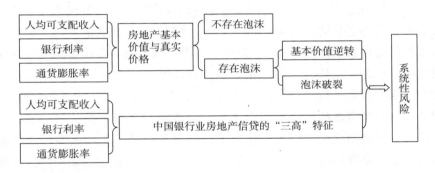

图 3−3　房地产价格泡沫对中国银行业系统性金融风险的潜在传递路径

3.3　影子银行体系

2007 年以来，以银行理财产品等为代表的中国影子银行体系呈现出蓬勃发展的态势。根据金融稳定理事会（FSB）发布的《2014 年全球影子银行监测报告》，中国影子银行体系的资产规模在 2013 年同比增长 37%，增速位居全球第二；就总额而言，中国影子银行体系约为 3 万亿美元，在全球排第三。正如陆晓明（2014）等学者所言，与美国、英国等国家成熟的影子银行体系不同，中国当前的影子银行体系还处在初级阶段，其参与主体主要有商业银行、信托公司、证券公司、担保公司、民间借贷机构、货币市场基金及企业部门等，其具体业务包括资产证券化、债券回购、银行理财、券商资管、信托融资、委托贷款、表外商业汇票和地下融资等。邵宇（2013a，2013b）等学者对中国影子银行体系的特点进行了总结：一是在发展上属于初级阶段，基本上是围绕替代信贷资产而展开；二是大多以商业银行为母体进行衍生，几乎所有的影子银行机构与业务模式都与商业银行存在着紧密的资金链联系；三是以商业银行资产表外化为核心，而不是资产证券化；四是信用中介的链条偏短，杠杆化程度偏低；五是多出现在当前中国金融创新比较活跃的领域。

正如肖崎（2012）等学者所言，伴随着中国影子银行体系的发展，中国商业银行的经营模式和风险管理模式正在发生改变：一是商业银行的经营模式由"发行—持有"（Originate to Hold）逐渐向"发行—分销"（Originate to Distribute）转变。在"发行—持有"的经营模式下，商业银行发放贷款，计入自身的资产负债表，并持有该贷款到期；而在"发行—分销"的经营模式下，商业银行通过理财产品、资产证券化等形式将相关贷款打包成理财产品或债券，并在市场上分销以回笼资金。二是商业银行融资模式的变化。商业银行主要依赖储蓄存款进行融资的模式逐渐向以资产证券化和货币市场基金为支撑的批发融资转变。三是由"内部化"风险管理模式向"市场化"风险管理模式转变。与"发放—持有"经营模式相对应的是"内部化"的风险管理模式，即商业银行发放贷款所伴随的风险主要由商业银行自身承担；与"发行—分销"经营模式相对应的是"市场化"的风险管理模式，即商业银行通过贷款打包销售、信贷资产证券化等方式将自身发放贷款的风险在市场上进行分散。

中国早在 2005 年就开始了信贷资产证券化的试点，但由于受 2008 年国际金融危机的影响，中国信贷资产的证券化一度处于停滞状态。中国银行业监督管理委员会于 2014 年 11 月下发的《关于信贷资产证券化备案登记工作流程的通知》将信贷资产证券化业务由审批制改为业务备案制。截至 2014 年末，包含中信银行、招商银行等股份制商业银行和北京银行、南京银行等城市商业银行在内的 27 家银行获准开办资产证券化的资格。这表明中国信贷资产证券化业务备案制已经实质启动。显然，这将进一步推动中国影子银行体系的深化与发展。

3. 3. 1 影子银行体系的信用创造过程

与传统商业银行的信用中介模式不同[1]，影子银行体系需要经过一系列以

---

[1] 传统商业银行通过"吸收存款、发放并持有贷款"的经营模式将"信用转换、期限转换和流动性转换"功能集于一身，由此实现其信用中介功能。

批发融资和资产证券化为特征的信用中介链条才能实现"存款端"与"贷款端"的对接，以完成信用、期限和流动性转换等信用中介功能。根据 Pozsar 等（2010）、Adrian 和 Ashcraft（2012）、王达（2012）等学者的相关研究，影子银行体系的信用中介过程通常包含如下步骤：（1）专业贷款公司等影子银行部门发放贷款，如住房抵押贷款、汽车贷款等，商业银行发行的不以单纯持有为目的的相关贷款也包含在内。（2）信贷资产仓储行从专业贷款公司和商业银行等部门收购种类和期限不同的信贷合约①。（3）仓储行将自身持有的信贷合约打包出售给管理方成立的特殊目的的影子银行载体，相应的影子银行载体发行以此为抵押的资产支持的商业票据（Asset – Backed Commercial Paper，ABCP），经投资银行等部门承销，完成信贷资产的第一级金融衍生。（4）ABCP各类经纪交易商（Broker – Dealers）将购入的 ABCP 重组打包，向结构性投资载体或债券套利商发售相应的资产支持证券（Asset – Backed Securities，ABS），并定期向相应的投资者支付利息，至此完成信贷资产的第二级金融衍生。（5）ABS结构性投资载体等影子银行部门在购入期限不同的各类资产支持证券之后重新打包转售给 ABS 的各类经纪交易商。（6）ABS 的经纪交易商以此为基础向市场发行有担保的债务凭证（Collateralized Debt Obligation，CDO）。通常而言，这些有担保的债务抵押凭证主要由货币市场共同基金等机构投资者购买并持有。至此，信贷资产完成第三级金融衍生。（7）公众通过购买各类证券（含商业票据）或认领基金份额等方式为各类经纪交易商和货币市场共同基金等机构投资者提供资金支持，由此实现影子银行体系对传统商业银行储蓄资金的分流。显然，在上述信用中介过程中，最重要的三项制度分别是资产证券化将信贷资产转移到传统商业银行体系外、货币市场共同基金和各类证券对储蓄资金的分流、抵押和回购使得证券化产品成为一种准货币②。当然，这一信用中介过程只是影子银行体系信用创造过程的一个基本链条，而且不是所有的信用中介过程都包含上述七个步骤。同时，部分信用中介过程可能包含更多的步骤。影子银行体系的每一个信用中介过程总是以发放贷款开始，以批发融资结束，并且每一个影子银行机构或者活动只在单一信用中介过程中出现一次。通常而言，基础仓储贷款的质量越差，信贷中介链条就会越长。这意味着

---

① 有时，发放贷款的影子银行部门本身就是仓储行。

② 与传统商业银行信用创造不同，影子银行体系并不直接创造传统狭义流动性的货币资产，而是创造广义流动性特征的各种证券化金融资产；这些证券化金融资产可以通过抵押和回购等方式变成现金，形成对资本市场或实体经济的需求，具有一定的货币属性。

低质量长期贷款的影子银行信用中介过程可能包含上述所有七个甚至更多的步骤，而高质量短中期贷款的影子银行信用中介过程通常只需包含上述部分步骤。

　　关于影子银行信用创造机制的两种分析视角，即金融机构和金融产品的视角，我们更倾向于前者，主要理由如下：一是从金融机构的视角来分析影子银行体系的信用创造机制能够更好地体现其本质特征——没有传统商业银行以存款、贷款和结算为核心的业务组织形态，却以资产证券化等方式行使传统商业银行信用、期限和流动性转换功能；二是不存在区分金融资产或金融工具货币性难题，且理解相对简单；三是更容易将影子银行体系信用创造机制与传统商业银行信用创造机制纳入相对统一的分析框架。为了有效分析影子银行体系的信用创造过程，我们在借鉴 Gorton 和 Metrick（2009，2012）、李波和伍戈（2011）等学者的研究成果的基础上，先作如下假设：（1）影子银行机构所持有的自有抵押品和客户抵押品可以进行抵押融资和再抵押融资。（2）抵押融资和再抵押融资的资金全部留在影子银行体系中进行下一轮的融资活动①。（3）为了应付潜在的兑付行为和避免破产的压力，影子银行机构均会在每一次融资过程中留存一定的权益资金，相应的权益留存比率记为 γ，$0 < \gamma < 1$；这类似于传统商业银行的法定存款准备金率②，但它不受金融监管当局等政府部门的监管，影子银行机构可以根据其自身的融资情况和市场行情自行决定。通常而言，该权益留存比率存在明显的横向异质性和纵向时变性③。（4）在抵押和再抵押融资过程中，受融资约束的限制，即能融到的资金数量往往低于相应的抵押品价值，这表明抵押和再抵押融资过程通常存在相应的抵押扣减率，记为 δ，$0 < \delta < 1$；所谓的抵押扣减率是指从抵押资产价值中提取的百分比例，反映了抵押资产与再抵押资产的风险大小，是影子银行体系融资双方博弈的结果；受抵押资产属性、市场行情和

---

　　① 为了简化分析，本书没有考虑影子银行体系信用创造过程中的现金漏损问题。

　　② 近20年来部分西方发达国家存在法定存款准备金制度趋于弱化的趋势，但在美国、日本、欧元区等诸多发达国家和发展中国家，法定存款准备金制度仍然是一项基本的货币制度；即便在法定存款准备金弱化的国家，受连续服务约束的影响，传统商业银行出于应付存款提取和支付清算的需要，往往会保留相对稳定比例的存款准备金。

　　③ 所谓的横向异质性是指同一时点上影子银行体系的不同信用创造媒介（如证券化资产）的权益留存比率和抵押扣减率可能是不同的；纵向时变性是指影子银行体系的同一信用创造媒介（如证券化资产）的权益留存比率和抵押扣减率在不同时点可能是动态变化的。

预期等因素的影响，抵押扣减率也同样呈现明显的横向异质性和纵向时变性[1]。

影子银行体系的信用创造过程就是前述影子银行单一信用中介链条不断重复的过程。出于简化分析和推理的需要，我们在上述假设的基础上进一步假设权益留存比率和抵押扣减率为常数[2]，由此，我们能得到影子银行体系如表 3 - 6 所示的信用创造过程。

表 3 - 6　　　　　　　　　　　影子银行体系的信用创造过程

层级	资产	负债	权益
1	ΔB	$\Delta B(1-\gamma)(1-\delta)$	$\Delta B(\gamma+\delta-\gamma\delta)$
2	$\Delta B(1-\gamma)(1-\delta)$	$\Delta B[(1-\gamma)(1-\delta)]^2$	$\Delta B(\gamma+\delta-\gamma\delta)(1-\gamma)(1-\delta)$
3	$\Delta B[(1-\gamma)(1-\delta)]^2$	$\Delta B[(1-\gamma)(1-\delta)]^3$	$\Delta B(\gamma+\delta-\gamma\delta)[(1-\gamma)(1-\delta)]^2$
…	…	…	…
n	$\Delta B[(1-\gamma)(1-\delta)]^{n-1}$	$\Delta B[(1-\gamma)(1-\delta)]^n$	$\Delta B(\gamma+\delta-\gamma\delta)[(1-\gamma)(1-\delta)]^{n-1}$
…	…	…	…
总额	$\dfrac{\Delta B}{(\gamma+\delta-\gamma\delta)}$	$\dfrac{\Delta B(1-\gamma)(1-\delta)}{(\gamma+\delta-\gamma\delta)}$	ΔB

根据表 3 - 6 我们可知，如果影子银行体系的初始信贷资金增加 ΔB，那么影子银行体系的资产总额经过影子银行体系 n 次信用中介过程后将增加到 $\Delta A=\Delta B\sum_{i=1}^{n}[(1-\gamma)(1-\delta)]^{i-1}=\Delta B/(\gamma+\delta-\gamma\delta)$。这表明在上述假设条件下，影子银行体系的信用创造规模主要受到两个因素的影响：一是影子银行体系从传统商业银行分流的储蓄资金规模，这是影子银行体系购买初始信贷资产的基础。二是影子银行体系的信用创造乘数 $K(\gamma,\delta)=1/(\gamma+\delta-\gamma\delta)$，它主要受权益留存比例 γ 和抵押扣减率 δ 的影响。通常而言，受经济行情、市场波动、投资者情绪和融资双方博弈态势等因素的影响，影子银行体系的权益留存比率和抵押扣减率往往具有较大的波动性，且常常呈现同增同减的变化特征。在经济金融稳定和繁荣的阶段，影子银行体系的权益留存比率和抵押扣减率往往比较低。在低权益留存比率和低抵押扣减率的双重影响下，影子银行体系的

---

① Gorton 和 Metrick（2009）通过实证研究发现，银行间回购市场中的各类证券化资产的抵押扣减率在次贷危机前均为 0，而在次贷危机和国际金融危机期间迅速上升和分化。其中，与次级贷款相关的证券化资产的抵押扣减率在国际金融危机爆发后迅速上升为 100%；而整个银行间回购市场证券化资产的平均抵押扣减率在国际金融危机爆发后也高达 40% 多。

② 在后续的分析过程中，我们将放宽这一假定，分析权益留存比率和抵押扣减率横向异质性和纵向时变性对影子银行体系信用创造机制的影响。

信用创造乘数非常大。在经济金融震荡和衰退的阶段,权益留存比率和抵押扣减率通常迅速上升,并处于高位,由此导致影子银行的信用创造乘数非常小。

根据影子银行体系的信用创造乘数 $K(\gamma,\delta) = 1/(\gamma + \delta - \gamma\delta)$,我们可进行如下比较静态分析:

(1) $K_\gamma = -(1-\delta)/(\gamma + \delta - \gamma\delta)^2 < 0$, $K_\delta = -(1-\gamma)/(\gamma + \delta - \gamma\delta)^2 < 0$, 这意味着影子银行体系的信用创造乘数分别是权益留存比率 γ 和抵押扣减率 δ 的递减函数,即它会随着权益留存比率和抵押扣减率的增加而减小,随着权益留存比率和抵押扣减率的减小而增加。

(2) $K_{\gamma\gamma} = 2(1-\delta)^2/(\gamma + \delta - \gamma\delta)^3 > 0$, $K_{\delta\delta} = 2(1-\gamma)^2/(\gamma + \delta - \gamma\delta)^3 > 0$, $K_{\gamma\delta} = K_{\delta\gamma} = (2 - \delta - \gamma + \gamma\delta)/(\gamma + \delta - \gamma\delta)^3 > 0$, 这意味着信用创造乘数 $K(\gamma,\delta)$ 的变化速率分别是权益留存比率 γ 和抵押扣减率 δ 的递增函数,即 $K(\gamma,\delta)$ 的变化速率会随着权益留存比率和抵押扣减率的增加而增加,随着权益留存比率和抵押扣减率的减小而减小。受经济行情、市场情绪等因素的影响,具有较大波动性且呈现同增同减变化特征的权益留存比率和抵押扣减率不仅使得影子银行信用创造乘数的变化非常迅速,而且使得影子银行信用创造乘数变化的振幅非常大。

3.3.2 影子银行体系对中国银行业系统性金融风险的潜在传递路径

通过对影子银行体系信用创造机制的上述分析,我们可以得出,影子银行体系具有与传统商业银行相似但又存在显著差异的信用创造机制。而正是这些差异导致影子银行体系信用创造功能具有内在不稳定性,这主要体现在融资脆弱性、信用媒介信息敏感性和杠杆周期性三个方面。

(一) 融资脆弱性

通过对比影子银行体系与传统商业银行两者的信用创造机制,我们发现,影子银行体系不仅面临着与传统商业银行相同的期限错配问题,而且还缺乏流动性支持:它既不受中央银行最后贷款人的流动性支持,也没有类似存款保险的相应机构提供信用保障。在经济金融震荡和衰退的阶段,缺乏流动性支持的影子银行体系极容易发生自我实现的挤兑行为和流动性危机。正如 Adrian 等 (2013) 学者所言,由自我实现的挤兑行为所导致的影子银行体系的脆弱性非常类似于 19 世纪美联储和联邦存款保险制度建立前的传统商业银行。

与传统商业银行的信用中介模式不同,影子银行体系需要经过一系列信用中介链条才能实现"存款端"与"贷款端"的对接。在这一信用中介链条中,不同的影子银行机构行使不同的中介功能。正如王达（2012）等学者所说，虽然影子银行体系能够通过信用中介链条分散交易风险，但是其缺陷在于，如果某一环节出现问题，那么就可能导致整个影子银行体系的崩溃，进而诱发系统性金融危机。2008年美国雷曼兄弟破产诱发的国际金融危机就是一个明显的例证。同时，通过这一信用中介链条系统，影子银行体系与传统商业银行有着千丝万缕的联系，从而进一步增强了整个金融体系的关联性和潜在的系统性金融风险（王兆星，2013d）。

与传统商业银行依靠储蓄存款进行融资不同，影子银行体系主要是通过商业票据和回购协议等金融工具进行批发融资。对机构投资者的高度依赖性是批发融资的一个显著特征。影子银行机构在市场流动性充裕时往往非常容易通过发行融资工具在货币市场和资本市场获得资金。在市场流动性趋紧时，由于缺乏金融安全网和相应的保险机制，具有高度同质性的机构投资者往往会纷纷抽逃资金。这将极易引发"羊群效应"，造成批发融资市场的信用冻结；由此，影子银行体系的资金来源随之枯竭。

（二）信用媒介信息敏感性

与传统商业银行信用创造的信用媒介是活期存款不同，影子银行体系信用创造的信用媒介主要表现为具有明显异质性特征的证券化资产，如商业票据、资产支持证券、债务抵押债券等。正如Gorton和Metrick（2009，2012）等学者所言，这些证券化资产的信息敏感性具有区制转换的特征：在经济金融稳定和繁荣的阶段，这些证券化资产往往是信息不敏感的（Information Insensitivity）；而在经济金融震荡和衰退的阶段，这些信息不敏感的证券化产品就会转化成为信息敏感（Information Sensitivity）的证券化资产。

在经济金融稳定和繁荣的阶段，影子银行体系参与者的风险意识往往比较弱，它们常常忽略潜在的最坏状态（Gennaioli et al.，2012，2013），由此导致了影子银行体系证券化资产的信息不敏感性。与正常状态相比，影子银行体系证券化资产的相关性在系统性金融风险状态下往往表现得更高。这意味着它们的相关性在正常状态下通常被低估，以致通过证券化资产等方式进行融资的影子银行机构没有持有足够的流动性和资本来应对潜在的危机和损失。证券化资产的异质性特征使得影子银行机构的筹资活动过度依赖外部机构信用评级。基于存在忽略风险等原因，信用评级机构在经济金融稳定和繁荣的阶段通常会对同等证券化资产作出相对乐观的信用评级。与此同时，影子银行体系的投资者往往会高估证券化资产的价值并过度投资。因而，影子银行机构、信用评级机构与证券化资产投资者三者综合作用的结果是，影子银行体系分流的储蓄资金，进而证券化资产规模在经济金融稳定和繁荣的阶段迅速扩张和积累。

证券化资产通常具有信息不透明特征（Dang et al.，2009）。在经济金融稳定和繁荣的阶段，由于存在信息搜寻成本，投资者通常没有足够的动机去搜集相关信息。一旦市场出现不利冲击，影子银行体系的参与者搜集信息的动机就会迅速增强，由此导致在经济金融稳定和繁荣阶段信息不敏感的证券化资产迅速转化为信息敏感的证券化资产。投资者逐渐增强的信息搜寻动机往往会进一步恶化信息敏感的证券化资产价格中所包含的不利信息。信用评级机构在信誉机制的作用下，通常会作出相对谨慎的评级报告。上述因素相互作用的最终结果是，随着经济金融的震荡和衰退，影子银行体系证券化资产的价格往往会迅速恶化，其资产规模随之锐减。

（三）杠杆周期性

与传统商业银行不同，影子银行机构常常面临着抵押品不足和抵押品流动性不够的融资约束，其融资约束的紧度取决于资产的潜在风险、流动性和抵押价值三个因素。在经济金融稳定和繁荣的阶段，抵押资产的潜在风险相对较小、流动性较强、资产价值较高，影子银行机构面临的融资约束相对宽松，权益留存比率和抵押扣减率逐渐降低，直至处于低位，其信用创造的结果是影子银行体系杠杆率迅速扩张；在经济金融震荡和衰退的阶段，抵押资产的潜在风险增大，流动性降低，资产价值下降，影子银行机构面临的融资约束趋紧，权益留存比率和抵押扣减率也随之提高，影子银行体系信用创造功能缩减，甚至冻结，杠杆率随之锐减。这表明，影子银行体系杠杆率不仅具有与传统商业银行类似的顺周期特征，而且其杠杆周期的振幅远大于传统商业银行[1]。

在经济金融震荡与衰退的阶段，证券化资产的价格往往会下跌，在经济金融稳定和繁荣的阶段进行高杠杆操作的影子银行机构被迫启动去杠杆化过程。通常而言，去杠杆化操作通常可以通过两条途径完成：一是出售资产来偿还债务和应对潜在的挤兑行为；二是通过吸收新的股权投资来扩充自有资本。如果影子银行机构抛售证券化资产，资产价格就会被进一步压低；一旦市场出现逆向选择，影子银行体系将会进入一个自我强化的资产价格下跌循环。如果影子银行机构通过提高资本金的方式去杠杆化，就可能造成市场流动性紧张，最终可能酝酿产生系统性金融危机。

通过上述分析，我们发现，由于融资脆弱性、信用媒介信息敏感性和杠杆周期性等原因，影子银行体系的信用创造机制具有内在的不稳定性，以致影子

---

[1]   与影子银行体系不同，传统商业银行往往面临着法定存款准备金率和存贷比等监管约束。

银行体系常常面临着流动性过剩与流动性逆转的风险。正如前文所述，当前中国的影子银行体系大多以商业银行为母体进行衍生，几乎所有的影子银行机构与业务模式都与商业银行存在着紧密的资金链联系。一旦影子银行体系发生流动性逆转，相应的流动性恐慌将极有可能在中国银行业扩散和传染，以致诱发中国银行业系统性金融风险。2013 年 6 月的"钱荒"就是一个很好的例证。此次"钱荒"起源于中国部分商业银行的流动性紧张。它在短期内造成了中国货币市场利率的急剧上升，商业银行信贷收紧，货币市场基金出现挤兑，银行同业市场交易发生阻滞等混乱情境。袁增霆（2013）等学者认为，中国银行业此次"钱荒"的根源是中国银行业对非标债权类金融资产的运用与同业交易，而这些金融交易正属于影子银行的范畴。

综上所述，影子银行体系对中国银行业系统性金融风险的潜在传递路径如图 3－4 所示。伴随着中国影子银行体系的发展，中国商业银行的经营模式和风险管理模式正在发生改变：一是商业银行的经营模式由"发行—持有"逐渐向"发行—分销"转变。二是商业银行融资模式的变化。商业银行主要依赖储蓄存款进行融资的模式逐渐向以资产证券化和货币市场基金为支撑的批发融资转变。三是由"内部化"风险管理模式向"市场化"风险管理模式转变。近年来，中国信贷资产证券化正在提速，这将进一步推动中国影子银行体系的深化与发展。由于融资脆弱性、信用媒介信息敏感性和杠杆周期性等原因，影子银行体系的信用创造机制具有内在的不稳定性，以致影子银行体系常常面临着流动性过剩与流动性逆转的风险。当前，中国的影子银行体系大多以商业银行为母体进行衍生，几乎所有的影子银行机构与业务模式都与商业银行存在着紧密的资金链联系。一旦影子银行体系发生流动性逆转，相应的流动性恐慌将极有可能在中国银行业扩散和传染，以致诱发中国银行业系统性金融风险。

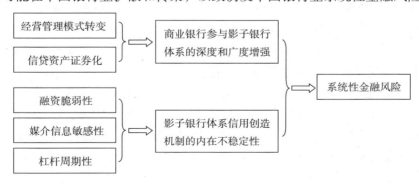

图 3－4　影子银行体系对中国银行业系统性金融风险的潜在传递路径

3.4   地方政府性债务

2008 年国际金融危机之后，基于"扩内需"和"保增长"的需要，中国地方政府的投融资平台数量和融资规模快速崛起，相应的地方政府性债务急剧膨胀。根据国家审计署公布的系列报告中使用的定义，地方政府性债务可概括为"地方政府（包括政府部门和机构）、融资平台公司、经费补助事业单位、公用事业单位和其他单位举借或用于续建以前开工项目所负有偿还责任的债务，因投放于如市政建设、科教文卫及保障性住房、农林水利建设等公益性项目所形成的债务，以及地方政府因提供担保和可能承担一定救助责任的债务，都统称为地方政府性债务"[①]。简而言之，地方政府性债务包括三大类别：政府负有偿还责任的债务、政府负有担保责任的债务以及政府可能承担一定救助责任的债务。

3.4.1   地方政府性债务的现状分析

2013 年底中国审计署公布的《全国政府性债务审计结果》显示，截至 2013 年 6 月底，地方政府"负有偿还责任""负有担保责任"和"可能承担一定救助责任"等三类债务分别为 108859.17 亿元、26655.77 亿元和 43393.72 亿元。从债务资金来源看，地方政府负有偿还责任债务的来源主要有"银行贷款""建设—转移"和"发行债券"，它们的占比依次为 50.76%、11.16% 和 10.71%。从偿债年度分布看，地方政府负有偿还责任的债务 2015 年、2016 年和 2017 年到期需要偿还的债务分别为 18577.91 亿元、12608.53 亿元和 8477.55 亿元，分别占比 17.06%、11.58% 和 7.79%；2018 年及以后需要偿还的债务为 20419.73 亿元，占 18.76%。2013 年 6 月中国审计署公布的《36 个地方政府本级政府债务审计结果》显示，36 个地方政府截至 2012 年底的本级政府性债务余额为 38475.81 亿元，其中，"政府负有偿还责任""政府负有担保责任"和"政府可能承担一定救助责任的其他相关债务"等三类债务分别为 18437.10 亿元、9079.02 亿元和 10959.69 亿元，分别占比 47.92%、23.60% 和 28.48%。从举债主体看，36 个地方政府本级政府性债务的主要举债主体是地方政府部门与机构和融资平台公司，分别占 25.37% 和

---

① 资料来源：国家审计署 2011 年第 35 号《全国地方政府性债务审计结果》。

45.67%。从债务资金来源看，这些地方政府债务资金的主要来源是银行贷款和发行债券，其占比依次为78.07%和12.06%。

地方政府性债务具有如下三个特点：一是债务总量巨大，且呈现爆发式增长。2009年3月18日，中国人民银行和银监会联合发布题为《关于进一步加强信贷结构调整　促进国民经济平稳较快发展的指导意见》的92号文件明确提出，"鼓励地方政府通过增加地方财政贴息、完善信贷奖补机制、设立合规的政府投融资平台等多种方式，吸引和鼓励银行业金融机构加大对中央投资项目的信贷支持力度。支持有条件的地方政府组建投融资平台，发行企业债、中期票据等融资工具，拓宽中央政府投资项目的配套资金融通渠道"①。自此，地方政府纷纷成立地方投融资平台。截至2013年6月30日，中国地方政府投融资平台数量达到7170家，融资债务余额达到69704亿元，占所有融资主体债务余额的38.96%，是地方政府第一大举债主体。地方政府部门和机构、国有企业分别是地方政府第二大和第三大举债主体。

二是存在明显的期限错配。地方政府及其融资平台债务的平均期限通常是三年左右。虽然银行贷款一直都是地方政府性债务的主要融资来源，但随着政府监管政策的变化，地方政府性债务的融资渠道逐渐部分地从银行转向影子银行，例如向信托、证券、保险和其他金融机构融资，通过影子银行渠道进行融资的地方政府性债务在总的地方政府性债务余额的比例呈现一定程度的激增态势。从支出投向看，中国地方政府性债务资金大多投向基础设施领域，如市政建设、交通运输、科教文化和保障性住房等，占比高达80%以上。虽然从长期看该部分基础设施领域的资产能为政府形成相应的优良资产，有着长久的经营性收入，但其收益和回报往往比较慢，其还款周期往往需要十年左右的时间。期限错配的另一方面是地方政府性债务到期偿还时间过于集中。从偿债年度分布看，地方政府2015年、2016年、2017年和2018年到期需要偿还的债务分别占17.06%、11.58%、7.79%和18.76%。

三是对土地出让收入的依赖程度高。根据《全国政府性债务审计结果》披露，截至2012年底，在相关省、市、县三级政府负有偿还责任债务余额的93642.66亿元中，承诺以土地出让收入偿还的债务余额为34865.24亿元，占37.23%。

针对地方政府性债务可能引发系统性金融风险的担忧，中央政府开始治理

---

① 资料来源：《关于进一步加强信贷结构调整　促进国民经济平稳较快发展的指导意见》（银发〔2009〕92号）。

地方政府性债务：一是进行了两次全国地方政府债务审计，评估债务问题的严重程度；二是在公共服务领域推广政府和社会资本合作（Public－Private Partnership，PPP）；三是推出地方政府性债务置换计划。

3.4.2 地方政府性债务对中国银行业系统性金融风险的潜在传递路径

在中央政府的债务治理下，目前的地方政府性债务问题的化解主要依赖于如下四条途径来解决：一是依靠财政收入偿还地方政府性债务；二是依靠土地出让收入填补债务缺口；三是尝试通过 PPP 模式改变地方政府性债务的统计口径；四是通过地方政府性债务置换来缓解。正如前文所述，在以"前期刺激政策消化期""经济结构调整阵痛期"和"增长速度换挡期""三期叠加"为特征的"经济新常态"和经济持续下行的环境下，地方政府的财政收入增长明显放缓；同时，为了刺激经济、促进经济结构调整和转型升级，中央政府陆续实施了"营改增"等系列减税降费政策，这可能在短期内造成财政收入的减少。依靠土地出让收入填补债务缺口的方法显然是对土地出让收入高度依赖的地方政府性债务的重要解决途径之一。目前，中国城市的房价呈现明显的分化趋势，一线城市和部分二线城市房地产价格呈现较快的上涨趋势，这显然在一定程度上有利于这些城市地方政府性债务问题的化解。但我们应该注意到，一线城市和部分二线城市房地产价格呈现的较快上涨是没有相应的实体经济支撑的。但地处房地产市场分化另一侧的城市却仍然面临着较高的"去库存"压力，依靠土地出让收入填补地方政府债务缺口的途径对这部分城市而言可能在一定程度上行不通。

政府和社会资本合作（PPP）是指"政府部门和社会资本在基础设施及公共服务领域建立的一种长期合作关系，通常模式是由社会资本承担设计、建设、运营、维护基础设施的大部分工作，并通过'使用者付费'及必要的'政府付费'获得合理投资回报；政府部门负责基础设施及公共服务价格和质量监管，以保证公共利益最大化"。显然，PPP 模式通过改变地方政府性债务的统计口径在一定时期和一定程度上化解了地方政府性债务问题。但我们认为，PPP 模式下仍蕴含着较大的财政风险，即政府基于未来支出承诺形成的直接负债和由不确定性引致的或有债务。具体而言，这主要体现在如下三个方面：一是相对于公共主体融资成本而言，PPP 项目往往会要求更高的投资回报率，PPP 模式运用不当不仅不能减少政府直接债务负担，反而增加政府直接债务负担。虽然政府通过 PPP 模式可以将政府资产负债表的债务"出表"，但是不可否认的是，这只是拉长了政府的债务期限，在一定程度上解决了地方政府性债务的期限错配问题，而其最终成本未必会降低。如果 PPP 模式不能提升项目效率和降低项目全生命周期成本，那么强行推进 PPP 模式还不如地方政府直接融资建设。二是在 PPP 模式下，政府可能需要承担在总债务规模中占较大比例的隐性债务和或有债务。PPP 模式可能存在政府债务隐匿，导致地方政府盲目、无序上马 PPP 项目。现有政府债务统计方式在一定程度上促使地方政府通过设计特定 PPP 项目将债务转移出政府资产负债表的激励。在 PPP 实践中，"明股实贷"的现象非常普遍，基金、信托等机构往往提出政府在一定期限内进行项目回购的要求，而不是进行长期的风险共担。当基金、信托等机构资本抽身时，整个项目的风险完全由政府承担。一旦出现项目集中回购，该部分政府隐性债务和或有债务将急剧增加。三是 PPP 项目可能存在诸多推定的、道义上的或有债务和隐性债务。一旦风险发生或显性化，该部分推定的、道义上的或有债务和隐性债务将直接转化为政府支出责任和直接债务。在 PPP 模式中，部分地方政府可能采取降低标准、过度承诺、过度担保等机会主义将投资人引进来，以期 PPP 项目尽快签约落地。如果这些或有债务没有事先评估的话，政府将陷入巨大的支付危机，引发中长期沉重的财务负担或债务风险。

地方政府债务置换就是地方政府通过发行低成本、长期限、标准化的地方债定向置换那些高成本、短期限、非标准化的存量地方政府性债务，使地方政府有较长期限的稳定资金来源。2014 年《国务院关于加强地方政府性债务管理的意见》指出，以长期限、标准化的地方债置换包括地方融资平台等在内的、地方政府负有偿还责任的存量债务，缓解政府债务集中还款的压力。同年，财政部分三批下达了总计 3.2 万亿元的地方债务置换额度，已全部顺利完成置换。2016 年，地方政府债务置换进一步提速，截至当年 4 月末，地方政府债务置换的总规模已超过 2 万亿元。显然，地方政府性债务置换能够大大地缓解地方财政的即期偿债压力，消除部分地方政府资金链断裂的风险。由于银行贷款是地方政府性债务的主要资金来源，我们应该看到，地方政府债务置换对商业银行产生的重要影响。一是银行资产收益率水平下降。虽然由于地方政府性债券风险权重为零，地方政府性债务置换可以降低商业银行风险资产，但由于置换债券利率与银行贷款利率之间存在明显的差距，银行资产收益水平因而下降。二是定向置换与不可流通性增加了银行潜在的经营风险。地方债务置换表面上是将不易流动的信贷资产转化为流动性较强的债券资产，但由于近两年地方债务密集发行，且规模较大，政府为了避免对整个债券市场的冲击，一方面规定置换地方融资平台的地方性政府债券只能采取定向承销的方式发行，另一方面不允许地方政府性债务置换的债券流通转让，以致该部分债券的流动性完全没有得到体现。虽然置换债券与地方政府一般债券同属地方政府性债务，但两者是分开管理的。在以"前期刺激政策消化期""经济结构调整阵痛期"和"增长速度换挡期""三期叠加"为特征的"经济新常态"和经济持续下行的情境下，如果地方政府收支压力较大，无力偿还全部债务，政府基于降低社会影响的考虑往往会选择优先偿还地方政府一般债券。因而，地方政府性债务置换的风险往往大于地方政府一般债券。三是地方政府债务置换可能加剧商业银行资产负债错配风险。通过地方政府性债务置换出去的贷款往往是当年或者到期久期较短的地方政府性债务，而地方政府债务置换债券的期限则往往是 3 年、5 年、7 年和 10 年。这往往会加剧商业银行资产负债期限错配风险。

综上所述，地方政府性债务对中国银行业系统性金融风险的潜在传递路径如图 3-5 所示。2008 年国际金融危机之后，基于"扩内需"和"保增长"的需要，中国地方政府的投融资平台数量和融资规模快速崛起，相应的地方政府性债务急剧膨胀。这急剧膨胀的地方政府性债务具有如下三个特点：一是债务总量巨大，且呈现爆发式增长。二是存在明显的期限错配。三是对土地出让收入的依赖程度高。以"前期刺激政策消化期""经济结构调整阵痛期"和"增长速度换挡期""三期叠加"为特征的"经济新常态"、经济持续下行和政府陆续实施的"营改增"等系列减税降费政策，使地方政府的财政收入增长明显放缓。针对地方政府性债务可能引发系统性金融风险的担忧，中央政府开始通过在公共服务领域推广政府和社会资本合作（PPP）、推出地方政府性债务置换计划等途径和方法来治理地方政府性债务。由于存在"PPP 项目往往会要求更高的投资回报率""在 PPP 模式下，政府可能需要承担在总债务规模中占较大比例的隐性债务和或有债务"和"PPP 项目可能存在诸多推定的、道义上的或有债务和隐性债务"等原因，通过 PPP 模式来化解地方政府性债务可能仍蕴含着较大的财政风险，即政府基于未来支出承诺形成的直接负债和由不确定性引致的或有债务。同时，地方政府性债务置换对商业银行产生了重要影响：一是银行资产收益率水平下降。二是定向置换与不可流通性增加了银行潜在的经营风险。三是地方政府债务置换可能加剧商业银行资产负债错配风险。由于商业银行作为地方政府性债务的主要融资来源，地方政府性债务的违约风险将会传递和汇集到商业银行，以致商业银行不良贷款率上升和资产质量下降。当商业银行的不良贷款率上升和资产质量下降超过了其所能承受的程度时，将极有可能诱发中国银行业乃至金融业的系统性金融风险。

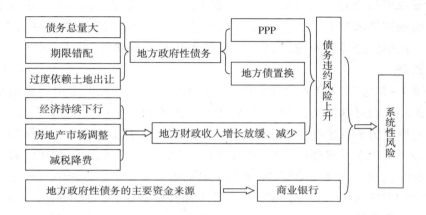

图 3 - 5　地方政府性债务对中国银行业系统性金融风险的潜在传递路径

3.5　人民币国际化与国际资本流动

3.5.1　人民币国际化与国际资本流动的现状分析

近年来，人民币国际化呈现快速发展的态势。中国人民大学 2016 年 7 月底发布的《2016 人民币国际化》报告显示，截至 2015 年底，综合反映人民币国际使用程度的人民币国际化指数（RMB Internationalization Index，RII）达到 3.6，5 年间增长逾十倍。其中，中国对外贸易以人民币结算的比例接近 30%，将全球贸易结算的人民币份额推高到 3.38%；人民币对外直接投资达到 7362 亿元，较上一年增长了 294.53%；国际信贷、国际债券和票据交易中的人民币份额也快速增长，使得国际金融交易的人民币份额跃升至 5.9%；中国人民银行签署的货币互换协议余额达 3.31 万亿元。

完善人民币汇率形成机制和推进资本项目可兑换是人民币国际化过程中不可回避的两个重要话题。为了增强人民币兑美元汇率中间价的市场化程度和基准性，中国人民银行决定完善人民币兑美元汇率中间价报价：自 2015 年 8 月 11 日起，做市商在每日银行间外汇市场开盘前，参考上日银行间外汇市场收盘汇率，综合考虑外汇供求情况以及国际主要货币汇率变化向中国外汇交易中心提供中间价报价。改革后，我国人民币兑美元汇率中间价形成机制分为"收盘汇率""一篮子货币汇率变化"两部分。前者主要反映市场的供求关系；后者反映人民币对一篮子货币汇率的稳定性。至此，人民币汇率已经逐步形成了以市场供求为基础、双向浮动、有弹性的汇率运行机制。

图 3-6 是 2014 年 8 月至 2019 年 8 月人民币兑美元汇率中间价的动态演化图。我们可以发现，"8·11 汇改"实施不到 1 年的时间内，人民币兑美元汇率经历了三轮较为明显的贬值。第一轮贬值期是 2015 年 8 月 11—13 日，人民币汇率中间价从 8 月 10 日的 6.1162 跌到 13 日的 6.4010，累计跌近 3000 点。第二轮贬值期是 2016 年元旦前后，人民币兑美元中间价从 2015 年 12 月 17 日的 6.4713 到 2016 年 1 月 7 日的 6.5646，累计下调近 1000 点。第三轮贬值期从 2016 年 4 月到 2016 年 7 月，受美联储加息预期升温与英国脱欧等一系列金融市场"黑天鹅"事件的影响，人民币兑美元汇率中间价从 2016 年 4 月 13 日的 6.4591 跌到 2016 年 7 月 19 日的 6.6971，导致人民币兑美元贬值近 2400 点。为了平息这三轮人民币沽空潮涌，中国人民银行消耗了逾千亿美元的外汇储备。受中美贸易摩擦的影响，人民币兑美元汇率在近年开启了新的较为明显的贬值。图 3-7 是"8·11 汇改"以来中国外汇储备的变化情况。

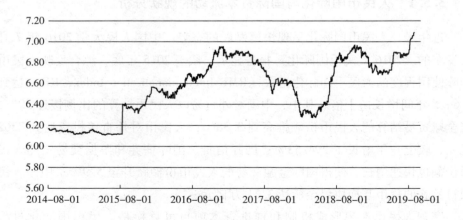

数据来源：CEIC。

图 3-6　人民币兑美元汇率中间价

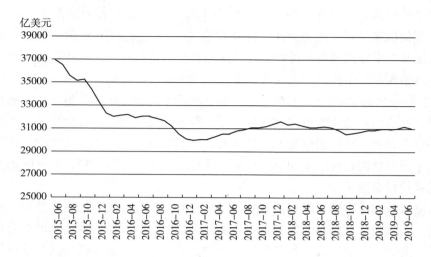

数据来源：国家外汇管理局。

图 3 - 7　中国外汇储备的变化情况

推进资本项目可兑换是中国推进人民币国际化进程而进行的另一项改革。中国在 1996 年实现经常项目可兑换后即开始稳步推进资本项目可兑换。2014 年，顺利推出沪港股票市场互联互通机制，便利境外机构在境内发行人民币债券，进一步简化资本项目外汇管理。2015 年 12 月 1 日，国际货币基金组织（IMF）正式宣布将人民币纳入特别提款权（Special Drawing Right，SDR）货币篮子；新货币篮子确定的人民币权重为 10.92%，于 2016 年 10 月 1 日生效。IMF 总裁拉加德在发布会上表示，"人民币进入 SDR 将是中国经济融入全球金融体系的重要里程碑"。李克强总理在 2016 年 8 月 16 日的国务院常务会议上明确表示，"深港通"相关准备工作已经基本就绪，国务院已批准《深港通实施方案》。2016 年 8 月 31 日，世界银行（国际复兴开发银行）首期特别提款权（SDR）计价债券在中国银行间债券市场成功发行，发行规模为 5 亿 SDR（约合人民币 46.6 亿元），期限为 3 年，结算货币为人民币。这表明，人民币资本项目可兑换正在继续稳步推进。

3.5.2　人民币国际化和国际资本流动对中国系统性金融风险的潜在传递路径

在过去一段相当长的时间内，中国拥有国际收支的双顺差，即出口大于进口，资本账户的流入大于流出。这意味着资本不断流入，储蓄不断积累，人民币面临着升值的压力。而自 2012 年之后，中国双顺差开始变成"一正一负"，即经常账户顺差，资本账户逆差。而资本账户逆差意味着中国发生了资本外流。根据国家外汇管理局统计，自2012年第二季度至2016年第二季度，中国已连续9个季度出现资本外流，并且这一状况仍将持续下去。在此情况下，人民币升值预期发生逆转，人民币兑美元汇率中间价已经从"8·11汇改"前的6.1左右贬值到2019年8月的7.0左右。而资本外流与汇率贬值预期可能相互加强，贬值预期会导致更多的资本外流，资本外流在外汇市场会导致人民币抛售，这会加剧人民币贬值预期。这将在一定程度上增加中国经济的不确定性，影响中国经济的杠杆水平和资产价格泡沫程度。如果处置不当，将可能诱发中国的系统性金融风险。

随着我国资本项目的逐步开放，国际资本流动常常表现为国际借贷、证券投资、直接投资和国际游资等形式。国际借贷引致的国际资本流动可能会导致国内资金充裕。如果没有足够严格的金融监管，银行等金融机构就会盲目扩大银行信贷，加大银行体系的风险。一旦国际借贷资本发生逆转，这些国家往往会因流动性不足而陷入困境，进而危及包括银行业在内的整个金融体系的稳定。国际证券投资往往会加大国际资本流入国证券市场的价格波动，推高资产价格泡沫，从而影响金融市场的稳定。国际游资往往会在金融市场频繁流动、积聚和炒作，一旦投资国投资收益减少或者出现其他关系到资本安全的问题，游资流动方向会迅速发生逆转，立即撤出该国市场，从而对该国产生重大冲击。根据钟震（2015）等学者的研究，近年来我国国际资本流动规模上升且波动性增强，呈现出如下特点：一是在资金结构上，由经常项目和资本项目的"双顺差"转变为"经常项目顺差、资本项目逆差"；二是从资金流动方向上看，由单向流入转为双向波动流出；三是由结汇意愿稳定转为购汇意愿走强，资金配置由增持人民币资产转为增持外币资产和债务去杠杆化；四是外汇储备出现拐点，由高位持续增持转为持续缩水。

1999年，美国麻省理工学院教授克鲁格曼在蒙代尔—弗莱明模型的基础上，结合对亚洲金融危机的实证分析，提出了"不可能三角理论"（Impossible Triangle/Impossible Trinity Theory），即开放经济体的货币当局在货币政策独立性、固定汇率制度和资本完全自由流动等宏观金融政策目标中只能三者选择其二。这经典的"不可能三角理论"和德国、日本等国家货币国际化的历史经验表明，随着人民币国际化程度逐渐提高和资本项目的逐步开放，中国人民银行等货币当局必然面临着宏观金融政策调整以及引致的潜在宏观金融风险的严峻考验。中国人民大学2016年7月底发布的《2016人民币国际化》研究报告表明，"8·11汇改"之后，中国资本市场价格、杠杆率和跨境资本净流入之间的关系，由之前的单向驱动关系变为循环式的互动关系，短期资本流动冲击足以影响到资本市场的价格和杠杆水平。国内各个金融子市场之间、境内外金融市场之间的资产价格联动性和金融风险传染性明显提高，对跨境资本流动的冲击更加敏感。

伴随着人民币国际化进程的推进和中国资本账户的逐步开放，中国的外汇市场和资本市场将成为国外游资和投机资本主要冲击的目标。这将在一定程度上加剧中国跨境资本的流动。中国人民大学发布的《人民币国际化报告 2016》指出，在美联储正式启动加息进程后，美元指数不断攀高，美元资产受到追捧，国际资本流动大规模调整，致使中国资本流出压力急剧提高。同时，量化宽松、低利率甚至负利率等非常规货币政策对中国国内实体经济和金融风险的溢出效应将进一步增强。与前述的汇率波动一样，这将在一定程度上增加中国经济的不确定性，影响中国经济的杠杆水平和资产价格泡沫程度。如果处置不当，将可能诱发中国的系统性金融风险。

综上所述，人民币国际化与国际资本流动对中国系统性金融风险的潜在传递路径如图 3－8 所示。完善人民币汇率形成机制和推进资本项目可兑换是人民币国际化过程中不可回避的两个重要话题。伴随着人民币国际化进程的推进和中国资本账户的逐步开放，中国的国际收支由原来的经常项目和资本项目"双顺差"转变为"经常项目顺差、资本项目逆差"。而资本项目逆差意味着中国发生了资本外流，人民币汇率由持续的升值压力转变为贬值预期。而资本外流与汇率贬值预期往往互为因果、相互推动，进而相互加强：贬值预期会导致更多的资本外流，资本外流在外汇市场会导致人民币抛售，这会加剧人民币贬值预期。这将在一定程度上增加中国经济的不确定性，影响中国经济的杠杆水平和资产价格泡沫程度。如果处置不当，将可能诱发中国的系统性金融风险。

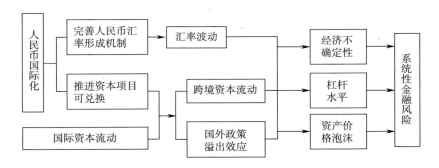

图 3－8　人民币国际化和国际资本流动对中国系统性金融风险的潜在传递路径

该部分我们从经济新常态与经济下行、房地产价格泡沫、影子银行体系、地方政府性债务和人民币国际化与国际资本流动等中国未来一段时间内系统性金融风险可能的五个来源渠道阐述了中国系统性金融风险的生成机理。经济下行、房地产价格泡沫、影子银行体系、地方政府性债务四个中国系统性金融风险的可能来源渠道是以国内视角来进行分析的：前三个部分主要着眼于国民经济的私人部门，"地方政府性债务"部分主要着眼于国民经济的公共部门。人民币国际化与国际资本流动是以国际的视角来进行分析的，即主要着眼于国民经济的对外部门。显然，中国系统性金融风险这五个可能的来源渠道并不是相互独立的，它们可能存在一定的相互作用。同时，这五个可能的来源渠道对中国系统性金融风险生成的贡献可能随着时间的不同而发生改变。

4. Copula 相依结构理论与
中国银行业动态系统性金融风险测度

4.1 Copula 相依结构理论

Copula 相依结构理论最早由 Sklar（1959）提出。他通过 Sklar 定理将 Copula相依结构函数与多元分布函数联系起来，即通过 Copula 相依结构函数和边缘分布函数可以构造相应的多元分布函数。该理论早期的研究领域主要局限在统计学理论框架内。由于计算技术等方面的原因，Copula 相依结构理论的应用在早期进展非常缓慢。直到 20 世纪 90 年代后期，Copula 相依结构函数才开始应用于金融领域：Boyer（1999）认为，风险管理模型不能仅仅考虑变量之间的相关度，而且应该考虑变量之间的相依结构（Dependence Structrue），并探讨了 Copula 相依结构理论在风险管理中的应用；Embrechts 等（1999）将 Copula 相依结构理论应用于金融风险管理领域，并研究了相依风险的在险价值 VaR。由此 Copula 相依结构理论开始在金融风险管理领域得到重视，并迅速发展。Nelsen（1999，2007）对 Copula 相依结构理论进行了系统介绍；Patton（2009，2012）对基于 Copula 为基础的金融时间序列模型及其在金融领域的应用进行了相应综述。国内学者张尧庭（2002）介绍了 Copula 相依结构函数在金融风险管理领域应用的可行性。韦艳华和张世英（2008）对 Copula 相依结构理论和方法进行了系统介绍，并对中国金融市场做了大量的应用研究。该部分拟在借鉴 Nelsen（1999，2007）、韦艳华和张世英（2008）及 Patton（2009，2012）等国内外学者相关研究成果的基础上，对 Copula 相依结构函数的定义、基本性质、相关性测度、建模与估计方法、常用的二元 Copula 相依结构函数及其相关性测度与时变参数 Copula 相依结构函数等方面进行如下系统介绍，以为该章后续中国银行业动态系统性金融风险测度的理论建模和实证分析提供相应的铺垫和理论基础。

4.1.1 Copula 相依结构函数的定义与基本性质

所谓的 Copula 相依结构函数是指将联合分布函数与它们各自的边缘分布函数联系在一起的一类连接函数。Sklar（1959）最早提出 Copula 相依结构函数。直到 20 世纪 90 年代末 Copula 相依结构函数才开始应用于经济和金融领域（Patton，2012）。根据 Sklar 定理，如果 F 是 N 维联合分布函数，其各变量的边缘分布分别为 $F_1,\cdots,F_N$，则一定存在一个 Copula 相依结构函数 $C:[0,1]^N\rightarrow[0,1]$，使得

$$F(x_1,\cdots,x_n,\cdots,x_N) = C(F_1(x_1),\cdots,F_n(x_n),\cdots,F_N(x_N)) \quad (4-1)$$

若 $F_1,\cdots,F_N$ 连续，则 C 唯一确定；反之，若 $F_1,\cdots,F_N$ 为一元边缘分布函数，则由式（4-1）表示的 N 维函数 F 是边缘分布 $F_1,\cdots,F_N$ 的联合分布函数。假设 $F_1^{-1}(x_1),\cdots,F_N^{-1}(x_N)$ 是各一元边缘分布函数的反函数，则对于 N 维空间的 $(x_1,\cdots,x_n,\cdots,x_N)$，存在唯一的 Copula 相依结构函数 $C:[0,1]^N\rightarrow[0,1]$，使得

$$C(u_1,\cdots,u_N) = F(F_1^{-1}(x_1),\cdots,F_N^{-1}(x_N))$$

由此可见，Copula 相依结构函数能够将多元联合分布函数分解成各个变量各自的边缘分布和连接各个变量边缘分布的 Copula 相依结构函数两部分。正如 Patton（2012）等学者所言，基于 Copula 相依结构函数的模型提供了多元分布建模极大的灵活性：它允许研究者将各变量的边缘分布建模与变量之间的 Copula 相依结构建模分开考虑。

我们在本书中仅涉及二元 Copula 相依结构函数。假定 $u = F(x)$、$v = G(y)$ 表示连续的一元分布函数，则 u、v 均服从 $[0,1]$ 的均匀分布；所谓的二元 Copula 相依结构函数是指连接边缘 $F(x)$ 和 $G(y)$ 的连接函数 $C(u,v)$。根据 Nelsen（2007）、韦燕华和张世英（2008）等学者的介绍，该二元 Copula 相依结构函数 $C(u,v)$ 具有如下性质：

（1）$C(u,v)$ 的定义域是 I^2，即 $[0,1]^2$；

（2）$C(u,v)$ 是零基面和二维递增的；

（3）$C(u,0) = C(0,v) = 0$，即在一个变量取值为 0 的情形下，相应的 Copula 相依结构函数值恒为 0；

（4）对于任意变量 $u,v \in [0,1]$，满足 $C(u,1) = u$ 和 $C(1,v) = v$；

（5）对于定义域内的任意一点 (u,v)，$0 \leqslant C(u,v) \leqslant 1$。

4.1.2　基于 Copula 相依结构函数的相关性测度

考察两个变量相关性最简单、最直观的办法是考察它们的变化趋势是否一致：如果两个变量的变化趋势一致，则表明它们存在正相关；否则存在负相关。根据 Nelson（2007）与韦艳华和张世英（2008），如果对随机变量 x、y 进行严格的单调增变换，那么由 Copula 相依结构函数 $C(u,v)$ 导出的相关性测度不会发生改变。因此，基于 Copula 相依结构函数 $C(u,v)$ 的相关性测度反映的是随机变量 x、y 严格单调递增变换下的相关性，比其线性相关系数具有更为广泛的适用性。基于该章后续研究需要，该部分在 Nelson（2007）与韦艳华和张世英（2008）等学者研究成果的基础上，主要介绍基于 Copula 连接函数 $C(u,v)$ 如下三个常用的相关性测度：Kendall 秩相关系数 τ、Spearman 秩相关系数 ρ 和尾部相关系数 λ^U 与 λ^L。

（一）Kendall 秩相关系数 τ

假设 (x_1,y_1) 和 (x_2,y_2) 分别表示两个独立同分布的随机向量，则它们的 Kendall 秩相关系数 τ 可以定义如下：

$$\tau \equiv P\big[(x_1 - x_2)(y_1 - y_2) > 0\big] - P\big[(x_1 - x_2)(y_1 - y_2) < 0\big]$$
$$= 2P\big[(x_1 - x_2)(y_1 - y_2) > 0\big] - 1$$

假设 $u = F(x)$ 和 $v = G(y)$，$u,v \in [0,1]$ 分别表示随机变量 X、Y 的边缘分布，$C(u,v)$ 表示相应的 Copula 相依结构函数，则随机变量 X、Y 的 Kendall 秩相关系数 τ 可以用该 Copula 相依结构函数 $C(u,v)$ 表示如下：

$$\tau = 4\iint_{0\ 0}^{1\ 1} C(u,v)\,\mathrm{d}C(u,v) - 1$$

（二）Spearman 秩相关系数 ρ

假设 (x_1,y_1)、(x_2,y_2) 和 (x_3,y_3) 分别表示三个独立同分布的随机向量，则它们的 Spearman 秩相关系数 ρ 可以定义如下：

$$\rho \equiv 3\big\{P\big[(x_1 - x_2)(y_1 - y_3) > 0\big] - P\big[(x_1 - x_2)(y_1 - y_3) < 0\big]\big\}$$

假设 $u = F(x)$ 和 $v = G(y)$，$u,v \in [0,1]$ 分别表示随机变量 X、Y 的边缘分布，$C(u,v)$ 表示相应的 Copula 相依结构函数，则随机变量 X、Y 的 Spearman 秩相关系数 ρ 可以用该 Copula 相依结构函数 $C(u,v)$ 表示如下：

$$\rho = 12\iint_{0\ 0}^{1\ 1} uv\mathrm{d}C(u,v) - 3 = 12\iint_{0\ 0}^{1\ 1} C(u,v)\,\mathrm{d}u\mathrm{d}v - 3$$

经过简单的推导和证明，我们不难发现，Spearman 秩相关系数 ρ 等于

$F(x)$ 与 $G(y)$ 的线性相关系数。

（三）尾部相关系数 λ^U 与 λ^L

由于金融资产收益率序列往往呈现出"尖峰厚尾"的特性，尾部相关系数在金融风险管理中具有非常重要的应用：尾部相关系数反映的是单个变量或几个变量之间的尾部特征。对于金融资产收益率序列而言，对应的是金融资产价格波动中暴涨暴跌的极端事件。在金融分析中，投资组合 VaR 的计算、再保险的定价等诸多问题均涉及尾部相关性问题。正如韦艳华和张世英（2008）等诸多学者所言，简单利用线性相关系数或单纯利用尾部相关系数来描述变量的尾部相关性都是不充分的：线性相关系数只能度量变量间的线性相关系数；尾部相关系数也只能对变量间的尾部相关性进行简单而不是全面的刻画。Juri（2002）提出了尾部事件的 Copula 收敛理论。他认为 Copula 相依结构函数包含了变量间尾部相关的全面信息，因而可以利用它来描述变量间的尾部相依结构。

基于介绍尾部相关系数的需要，我们首先介绍分位数相关测度。假设 $u = F(x)$ 和 $v = G(y)$，$u,v \in [0,1]$ 分别表示两个连续随机变量 X 和 Y 的边缘分布函数，$C(u,v)$ 表示相应的 Copula 相依结构函数。

函数 $\overline{C}(u,v) \equiv P(U > u, V > v) = 1 - u - v + C(u,v)$，Copula 生存函数 $\hat{C}(u,v) \equiv u + v - 1 + C(1-u, 1-v)$。这两个函数的关系可以表述为 $\overline{C}(u,v) = \hat{C}(1-u, 1-v)$。随机变量 X 和 Y 的分位数相关性测度（Quantile – dependence measure）可以定义如下：

$$\lambda(q) \equiv P(U > q \,|\, V > q) = \frac{\overline{C}(q,q)}{1-q}$$

在上述分位数相关性测度的基础上，我们进一步分别定义如下所示的上尾相关系数 λ^U 和下尾相关系数 λ^L：

$$\lambda^U \equiv \lim_{q \to 1} P[Y > G^{-1}(q) \,|\, X > F^{-1}(q)] = \lim_{q \to 1} \frac{\hat{C}(1-q, 1-q)}{1-q}$$

$$\lambda^L \equiv \lim_{q \to 0} P[Y < G^{-1}(q) \,|\, X < F^{-1}(q)] = \lim_{q \to 0} \frac{C(q,q)}{q}$$

如果上尾相关系数 λ^U 存在且在区间 $(0,1]$ 内，则随机变量 X 和 Y 上尾相关；如果下尾相关系数 λ^L 存在且在区间 $(0,1]$ 内，则随机变量 X 和 Y 下尾相关；如果上尾相关系数 λ^U 和下尾相关系数 λ^L 等于 0，则随机变量 X 和 Y 相互独立。

4.1.3　基于 Copula 相依结构函数模型的建模与估计方法

根据前述的 Copula 相依结构理论可知，我们可以将多个变量的多元联合分布拆成这些变量各自的一元边缘分布和这些变量一元边缘分布的由 Copula 相依结构函数表示的相依结构两部分。因而，我们能够采用如下两个步骤来对基于 Copula 函数的模型进行相应的建模：一是确定多元联合分布函数中各个随机变量的边缘分布；二是选取一个合适的 Copula 相依结构函数，使其能够很好地刻画这些随机变量之间的相依结构。

在多元联合分布函数的所有成分都是参数的时候，最优的估计方法是极大似然估计方法。通过 Copula 相依结构函数 $C(\cdot,\cdots,\cdot;\cdot)$ 的密度函数 $c(\cdot,\cdots,\cdot;\cdot)$，边缘密度函数 $f_n(\cdot;\cdot)(n=1,2,\cdots,N)$，我们可以求出该多元联合分布函数的密度函数：

$$f(x_1,x_2,\cdots,x_N;\theta)=c(u_1,u_2,\cdots,u_N;\theta_c)\prod_{n=1}^{N}f_n(x_n;\theta_n)$$

其中，$u_n=F_n(x_n;\theta_n)$，$F_n(x_n;\theta_n)$ 表示相应的边缘分布函数，$n=1,2,\cdots,N$；θ_c 是 Copula 相依结构密度函数的参数向量；θ_n 是边缘分布函数 $F_n(x_n;\theta_n)$ 的参数向量；$\theta=(\theta_1,\theta_2,\cdots,\theta_N;\theta_c)'$。由此我们能够获得样本为 $(x_{1t},x_{2t},\cdots,x_{Nt})$，$t=1,2,\cdots,T$ 的对数似然函数：

$$\ln L(x_1,x_2,\cdots,x_N;\theta)=\sum_{t=1}^{T}\Big[\sum_{n=1}^{N}\ln f_n(x_{nt};\theta_n)+\ln c(u_1,u_2,\cdots,u_N;\theta_c)\Big]$$

虽然利用上述极大似然估计方法能够得到所有参数的最优估计，但往往面临着"维数灾难"问题。正如韦艳华和张世英（2008）、Patton（2012）等学者所言，Copula 相依结构函数"可以将多个变量的多元联合分布拆成这些变量各自的一元边缘分布和这些变量一元边缘分布的由 Copula 相依结构函数表示的相依结构两部分"的特点，使得基于 Copula 相依结构函数的模型非常适合于采用两阶段极大似然估计方法。诸多学者也通过研究证明，采用两阶段极大似然估计法和直接采用极大似然估计法所得到的基于 Copula 相依结构函数的模型的参数估计值不存在显著的差异，因而建议采用两阶段极大似然估计方法来估计基于 Copula 相依结构函数的模型中的参数。

两阶段极大似然估计法通常将基于 Copula 相依结构函数模型的参数估计分解成如下两个步骤：一是利用极大似然估计方法估计出各变量边缘分布函数 $F_n(x_n;\theta_n)$，$n=1,2,\cdots,N$ 的参数向量 θ_n；二是将边缘分布函数参数向量的估计值 $\hat{\theta}_n$，$n=1,2,\cdots,N$，代入 Copula 相依结构函数中，进而再次利用极大似然估计方法估计 Copula 相依结构函数中的参数向量 θ_c。

4.1.4　常用的二元 Copula 相依结构函数与相关性测度

按照 Copula 相依结构函数的性质，Copula 相依结构函数可以分为椭圆型 Copula 相依结构函数和阿基米德型 Copula 相依结构函数等类型。常用的椭圆型 Copula 相依结构函数主要有正态 Copula 相依结构函数和 Student's t Copula 相依结构函数。常用的阿基米德型 Copula 相依结构函数主要有 Gumbel Copula 相依结构函数、Clayton Copula 相依结构函数和 Frank Copula 相依结构函数等 Copula 相依结构函数。借鉴 Nelson（2007）、韦艳华和张世英（2008）及 Patton（2012）等学者的相关研究成果，该部分对常用的二元 Copula 相依结构函数及其相关性测度做如下介绍。

（一）二元正态 Copula 相依结构函数与相关性测度

二元正态 Copula 相依结构函数的密度函数 $c_N(u,v;\rho)$ 和分布函数 $C_N(u,v;\rho)$ 分别如下：

$$c_N(u,v;\rho) = \frac{1}{\sqrt{1-\rho^2}} \exp\left(-\frac{\Phi^{-1}(u)^2 + \Phi^{-1}(v)^2 - 2\rho\Phi^{-1}(u)\Phi^{-1}(v)}{2(1-\rho^2)}\right)$$

$$\exp\left(-\frac{\Phi^{-1}(u)^2 \cdot \Phi^{-1}(v)^2}{2}\right) C_N(u,v;\rho)$$

$$= \int_{-\infty}^{\Phi^{-1}(u)} \int_{-\infty}^{\Phi^{-1}(v)} \frac{1}{2\pi\sqrt{1-\rho^2}} \exp\left(\frac{-(r^2 + s^2 - 2\rho rs)}{2(1-\rho^2)}\right) drds$$

其中，$\Phi^{-1}(\cdot)$ 表示标准一元正态分布函数 $\Phi(\cdot)$ 的逆函数；参数 $\rho \in (-1,1)$ 是 $\Phi^{-1}(u)$ 和 $\Phi^{-1}(v)$ 的线性相关系数。

二元正态 Copula 相依结构函数的相关性测度情况如下：Kendall 秩相关系数 $\tau = 2/\pi \arcsin\rho$；Spearman 秩相关系数 $\rho = 6/\pi \arcsin\rho$；上尾相关系数 $\lambda^U = 0$；下尾相关系数 $\lambda^L = 0$。

由于二元正态 Copula 相依结构函数能够较好地拟合样本数据，因而它常常被用来刻画变量之间的相关关系。但我们同时应该注意到，二元正态 Copula 相依结构函数具有对称性，因而无法利用它来捕捉变量之间的非对称相关关系。

（二）二元 Student's t Copula 相依结构函数与相关性测度

二元 Student's t Copula 相依结构函数的密度函数 $c_t(u,v;\rho,k)$ 和分布函数 $C_t(u,v;\rho,k)$ 分别如下：

$$c_t(u,v;\rho,k) = \rho^{-1/2} \frac{\Gamma(\frac{k+2}{2})\Gamma(\frac{k}{2})}{[\Gamma(\frac{k+1}{2})]^2} \frac{[1 + \frac{\zeta_1^2 + \zeta_2^2 - 2\rho\zeta_1\zeta_2}{k(1-\rho^2)}]^{-\frac{k+2}{2}}}{\prod\limits_{i=1}^{2}(1 + \frac{\zeta_i^2}{k})^{-\frac{k+2}{2}}}$$

$$C_t(u,v;\rho,k) = \int_{-\infty}^{T_k^{-1}(u)} \int_{-\infty}^{T_k^{-1}(v)} \frac{1}{2\pi\sqrt{1-\rho^2}}[1 + \frac{s^2 + t^2 - 2\rho st}{k(1-\rho)^2}]^{-\frac{k+2}{2}} \mathrm{d}s\mathrm{d}t$$

其中，$T_k^{-1}(\cdot)$ 表示一元 t 分布函数 $T_k(\cdot)$ 的逆函数，下标 k 表示相应的 t 分布函数的自由度；$\zeta_1 = T_k^{-1}(u)$，$\zeta_1 = T_k^{-1}(v)$；参数 $\rho \in (-1,1)$ 是 $T_k^{-1}(u)$ 和 $T_k^{-1}(v)$ 的线性相关系数。

二元 Student's t Copula 相依结构函数的相关性测度情况如下：Kendall 秩相关系数 $\tau = 2/\pi \arcsin\rho$；上尾相关系数 λ^U 和下尾相关系数 λ^L 可以表示为

$$\lambda^U = \lambda^L = 2 \times F_{Studt}(-\sqrt{(k+1)(\rho-1)/(\rho+1)}, k+1)$$

二元 Student's t Copula 相依结构函数具有与二元正态 Copula 相依结构函数类似的对称性，因而它只能捕捉随机变量间对称的相依结构。但二元 Student's t Copula 相依结构函数刻画的对称相依结构具有厚尾相依的特征，即它能够刻画比二元正态 Copula 相依结构函数更强的尾部相依特征，因而能够更好地捕捉变量之间尾部相关性。

（三）二元 Gumbel Copula 相依结构函数与相关性测度

二元 Gumbel Copula 相依结构函数的密度函数 $c_G(u,v;\alpha)$ 和分布函数 $C_G(u,v;\alpha)$ 分别如下：

$$c_G(u,v;\alpha) = \frac{C_G(u,v;\alpha)(\ln u \cdot \ln v)^{\frac{1}{\alpha}-1}}{uv[(-\ln u)^{\frac{1}{\alpha}} + (-\ln v)^{\frac{1}{\alpha}}]^{2-\alpha}}\{[(-\ln u)^{\frac{1}{\alpha}} + (-\ln v)^{\frac{1}{\alpha}}]^{\alpha}$$

$$+ \frac{1}{\alpha} - 1\}$$

$$C_G(u,v;\alpha) = \exp(-[(-\ln u)^{\frac{1}{\alpha}} + (-\ln v)^{\frac{1}{\alpha}}]^{\alpha})$$

其中，参数 $\alpha \in (0,1]$。当参数 α 趋向于 0 时，两个随机变量趋向于完全相关；当参数 $\alpha = 1$ 时，两个随机变量完全独立。

二元 Gumbel Copula 相依结构函数的相关性测度情况如下：Kendall 秩相关系数 $1 - \alpha$；上尾相关系数 $\lambda^U = 2 - 2^{\alpha}$；下尾相关系数 $\lambda^L = 0$。

二元 Gumbel Copula 相依结构函数的密度分布呈"J"形，即下尾低上尾高。这表明二元 Gumbel Copula 相依结构函数具有非对称性。Gumbel Copula 相依结构函数对变量在上尾部分布上的变化非常敏感，能够有效捕捉到变量上尾相关的变化；但它对变量在下尾部分布的变化不敏感，往往难以捕捉变量下尾相关的变化。如果两个随机变量在分布的上尾部分具有更强的相依结构，则可以用 Gumbel Copula 相依结构函数来刻画。

（四）二元 Rot－Gumbel Copula 相依结构函数与相关性测度

二元 Rot－Gumbel Copula 相依结构函数的密度函数 $c_{RG}(u,v;\alpha)$ 和分布函数 $C_{RG}(u,v;\alpha)$ 分别如下：

$$c_{RG}(u,v;\alpha) = \frac{C_{RG}(1-u,1-v;\alpha)\left[\ln(1-u)\cdot\ln(1-v)\right]^{\frac{1}{\alpha}-1}}{(1-u)(1-v)\{\left[-\ln(1-u)\right]^{\frac{1}{\alpha}}+\left[-\ln(1-v)\right]^{\frac{1}{\alpha}}\}^{2-\alpha}}$$
$$\{\left[(-\ln(1-u))^{\frac{1}{\alpha}}+(-\ln(1-v))^{\frac{1}{\alpha}}\right]^{\alpha}+\frac{1}{\alpha}-1\}$$

$$C_{RG}(u,v;\alpha) = \exp\left(-\{\left[-\ln(1-u)\right]^{\frac{1}{\alpha}}+\left[-\ln(1-v)\right]^{\frac{1}{\alpha}}\}^{\alpha}\right)$$

其中，参数 $\alpha \in (0,1]$。当参数 α 趋向于 0 时，两个随机变量趋向于完全相关；当参数 $\alpha = 1$ 时，两个随机变量完全独立。

二元 Rot－Gumbel Copula 相依结构函数的相关性测度情况如下：Kendall 秩相关系数 $1-\alpha$；上尾相关系数 $\lambda^U = 0$；下尾相关系数 $\lambda^L = 2-2^{\alpha}$。

二元 Rot－Gumbel Copula 相依结构函数的密度分布与二元 Gumbel Copula 相依结构函数刚好相反，呈"L"形，即下尾高上尾低。这表明二元 Rot－Gumbel Copula 相依结构函数具有与二元 Gumbel Copula 相依结构函数刚好相反的对称性：Rot－Gumbel Copula 相依结构函数对变量在下尾部分布上的变化非常敏感，能够有效捕捉到变量下尾相关的变化；Rot－Gumbel Copula 相依结构函数对变量在上尾部分布的变化不敏感，往往难以捕捉变量下尾相关的变化。

（五）二元 Clayton Copula 相依结构函数与相关性测度

二元 Clayton Copula 相依结构函数的密度函数 $c_C(u,v;\theta)$ 和分布函数 $C_C(u,v;\theta)$ 分别如下：

$$c_C(u,v;\theta) = (1+\theta)(uv)^{-\theta-1}(u^{-\theta}+v^{-\theta}-1)^{-2-\theta-1}$$

$$C_C(u,v;\theta) = (u^{-\theta}+v^{-\theta}-1)^{-\frac{1}{\theta}}$$

其中，参数 $\theta \in (0,\infty)$。当参数 θ 趋向于 0 时，两个随机变量趋向于相互独立；当参数 θ 趋向于 ∞ 时，两个随机变量趋向于完全相关。

二元 Clayton Copula 相依结构函数的相关性测度情况如下：Kendall 秩相关系数 $\tau = \theta/(\theta+2)$；上尾相关系数 $\lambda^U = 0$；下尾相关系数 $\lambda^L = 2^{-\frac{1}{\theta}}$。

二元 Clayton Copula 相依结构函数的密度分布与 Gumbel Copula 相依结构函数刚好相反，下尾高上尾低，呈现"L"形。这表明 Clayton Copula 相依结构函数同样具有非对称性。如果两个随机变量间的相依结构能够用 Clayton Copula相依结构函数来刻画，那么意味着这两个随机变量在分布的下尾部具有更强的相关关系。

（六）二元 Rot – Clayton Copula 相依结构函数与相关性测度

二元 Rot – Clayton Copula 相依结构函数的密度函数 $c_{RC}(u,v;\theta)$ 和分布函数 $C_{RC}(u,v;\theta)$ 分别如下：

$$c_{RC}(u,v;\theta) = (1 + \theta)\left[(1 - u)(1 - v)\right]^{-\theta-1}\left[(1 - u)^{-\theta} + (1 - v)^{-\theta} - 1\right]^{-2-\theta^{-1}}$$

$$C_{RC}(u,v;\theta) = \left[(1 - u)^{-\theta} + (1 - v)^{-\theta} - 1\right]^{-\frac{1}{\theta}}$$

其中，参数 $\theta \in (0,\infty)$。当参数 θ 趋向于 0 时，两个随机变量趋向于相互独立；当参数 θ 趋向于 ∞ 时，两个随机变量趋向于完全相关。

二元 Rot – Clayton Copula 相依结构函数的相关性测度情况如下：Kendall 秩相关系数 $\tau = \theta/(\theta + 2)$；上尾相关系数 $\lambda^U = 2^{-\frac{1}{\theta}}$；下尾相关系数 $\lambda^L = 0$。

二元 Rot – Clayton Copula 相依结构函数的密度分布与二元 Clayton Copula 相依结构函数刚好相反，呈现"J"形，即下尾低上尾高。这表明二元 Rot – Clayton Copula 相依结构函数具有与 Clayton Copula 相依结构函数刚好相反的非对称性：Rot – Clayton Copula 相依结构函数对变量在上尾部分布上的变化非常敏感，能够有效捕捉变量上尾相关的变化；Rot – Clayton Copula 相依结构函数对变量下尾部分布的变化不敏感，往往不能捕捉变量下尾相关的变化。

（七）二元 Frank Copula 相依结构函数与相关性测度

二元 Frank Copula 相依结构函数的密度函数 $c_F(u,v;\lambda)$ 和分布函数 $C_F(u,v;\lambda)$ 分别如下：

$$c_F(u,v;\lambda) = \frac{-\lambda(e^{-\lambda} - 1)e^{-\lambda(u+v)}}{\left[(e^{-\lambda} - 1) + (e^{-\lambda u} - 1)(e^{-\lambda v} - 1)\right]^2}$$

$$C_F(u,v;\lambda) = -\frac{1}{\lambda}\ln\left(1 + \frac{(e^{-\lambda u} - 1)(e^{-\lambda v} - 1)}{e^{-\lambda} - 1}\right)$$

其中，参数 $\lambda \in (-\infty,\infty)$ 且 $\lambda \neq 0$。当参数 $\lambda < 0$ 时，两个随机变量负相关；当参数 $\lambda > 0$ 时，两个随机变量正相关；当参数 λ 趋向于 0 时，两个随机变量渐近独立。

二元 Frank Copula 相依结构函数的相关性测度情况如下：Kendall 秩相关系数 $\tau = 1 + \frac{4}{\lambda}[D_1(\lambda) - 1]$，其中，$D_k(\lambda) = \frac{k}{\lambda^k}\int_0^\lambda \frac{t^k}{e^t - 1}dt$；Spearman 秩相关系数 $\rho = 1 - \frac{12}{\lambda}[D_1(\lambda) - D_2(\lambda)]$；上尾相关系数 $\lambda^U = 0$；下尾相关系数 $\lambda^L = 0$。

二元 Frank Copula 相依结构函数的密度分布呈"U"形。这表明它具有对称性，因而不能捕捉随机变量间的非对称的相依结构。换句话说，二元 Frank Copula 相依结构函数只适用于刻画具有对称相依结构的两个随机变量之间的相关关系。二元 Frank Copula 相依结构函数的上尾相关系数和下尾相关系数均为 0，这表明二元 Frank Copula 相依结构函数对变量在上尾部分和下尾部分相关性的变化都不敏感，因而难以捕捉两个随机变量尾部相关的变化。同时，我们可以注意到，与只能刻画随机变量之间的非负相关关系的 Gumbel Copula 相依结构函数和 Clayton Copula 相依结构函数不同，二元 Frank Copula 相依结构函数还可以描述两个随机变量之间的负相关关系。

（八）二元 Plackett Copula 相依结构函数与相关性测度

二元 Plackett Copula 相依结构函数的密度函数 $c_P(u,v;\delta)$ 和分布函数 $C_P(u,v;\delta)$ 分别如下：

$$c_P(u,v;\delta) = \frac{\delta[1 + (\delta - 1)(u + v - 2uv)]}{\{[1 + (\delta - 1)(u + v)]^2 - 4\delta(\delta - 1)uv\}^{\frac{3}{2}}}$$

$$C_P(u,v;\delta) = \frac{1}{2}(\delta - 1)^{-1}\{1 + (\delta - 1)(u + v)$$

$$- [(1 + (\delta - 1)(u + v))^2 - 4\delta(\delta - 1)uv]^{\frac{1}{2}}\}$$

其中，参数 $\delta \in [0,\infty)$ 且 $\delta \neq 1$。当参数 $\delta \in [0,1)$ 时，两个随机变量之间存在负相关关系；当参数 $\delta \in (1,\infty)$ 时，两个随机变量之间存在正相关关系。

二元 Plackett Copula 相依结构函数的相关性测度情况如下：Spearman 秩相关系数 $\rho = \dfrac{\delta^2 - 2\delta\log\delta - 1}{(\delta - 1)^2}$；上尾相关系数 $\lambda^U = 0$；下尾相关系数 $\lambda^L = 0$。

二元 Plackett Copula 相依结构函数的上尾相关系数和下尾相关系数均为 0，这表明二元 Plackett Copula 相依结构函数对变量在上尾部分和下尾部分相关性的变化都不敏感，因而难以捕捉两个随机变量尾部相关的变化。与二元 Frank Copula 相依结构函数相似，二元 Plackett Copula 相依结构函数不仅能够刻画随机变量之间的非负相关关系，而且能够刻画随机变量之间的负相关关系。

（九）二元 SJC Copula 相依结构函数与相关性测度

SJC Copula 是对称的 Joe - Clayton Copula （Symmetrized Joe - Clayton Copula）的简写。Joe（1997）提出 Joe - Clayton Copula 相依结构函数的概念，其相应的分布函数 $C_{JC}(u,v;\gamma,\kappa)$ 如下：

$$C_{JC}(u,v;\kappa,\gamma) = 1 - (1 - \{[1 - (1 - u)^\kappa]^{-\lambda} + [1 - (1 - v)^\kappa]^{-\lambda} - 1\}^{-\frac{1}{\lambda}})^{\frac{1}{\kappa}}$$

其中，参数 $\gamma \in (0,\infty)$，参数 $\kappa \in [1,\infty)$。

二元 Joe – Clayton Copula 相依结构函数的下尾相关系数 $\lambda^L = 2^{-\frac{1}{\gamma}}$，上尾相关系数 $\lambda^U = 2 - 2^{\frac{1}{\kappa}}$。这表明二元 Joe – Clayton Copula 相依结构函数与前面介绍的 Gumbel Copula 与 Clayton Copula 等常用二元 Copula 相依结构函数不同，它可以同时描述两个随机变量的上尾相关性与下尾相关性。

当两个随机变量服从上尾相依系数与下尾相依系数相同的联合分布时，Joe – Clayton Copula 相依结构函数往往不能有效刻画。为了弥补上述缺陷，Patton（2006）提出了对称的 Joe – Clayton（Symmetrized Joe – Clayton，SJC）Copula 相依结构函数：

$$C_{SJC}(u,v;\kappa,\gamma) = \frac{C_{JC}(u,v;\kappa,\gamma) + C_{JC}(1-u,1-v;\kappa,\gamma) + u + v - 1}{2}$$

正如 Patton（2006）等学者所言，SJC Copula 相依结构函数既能同时刻画上下尾相依性，又能同时处理对称的上下尾相依性和非对称的上下尾相依性。当 λ^U 与 λ^L 相等时，二元 SJC Copula 相依结构函数刻画了两个随机变量对称的上下尾相关关系。

4.1.5 时变参数 Copula 相依结构函数

根据 Copula 相依结构函数参数是否具有时变性，我们可以将 Copula 相依结构函数分为常参数 Copula 相依结构函数和时变参数 Copula 相依结构函数。诸多的学者对时变参数 Copula 相依结构函数进行了大量的探索。关于时变参数 Copula 相依结构函数参数的时变模式，目前理论界比较公认的主要有 Patton（2012）等学者的研究。

Patton（2012）借鉴 Creal 等（2011）广义自回归得分（Generalized Autoregressive Score，GAS）模型的思想，将时变参数 Copula 相依结构函数的参数 δ_t 设置为该 Copula 相依结构函数参数的滞后一期 δ_{t-1} 和该 Copula 相依结构函数对数似然标准得分相关的标准得分的函数。为了将时变参数型 Copula 相依结构函数参数的取值范围限定在特定的范围内，该方法对 Copula 相依结构函数的参数采用了一个诸如 log、logistic、arc tan 等的严格递增变换。根据 Patton（2012）的研究成果，假设 f_t 表示被转换参数的动态演化方程，相应时变参数 Copula 相依结构函数参数的时变模式如下所示：

$$f_t = h(\delta_t) \Leftrightarrow \delta_t = h^{-1}(f_t)$$
$$\text{其中，} \quad f_{t+1} = \omega + \beta f_t + \alpha I_t^{-1/2} s_t$$
$$s_t \equiv \frac{\partial}{\partial \delta} \log C(u_t, v_t; \delta_t)$$

$$I_t \equiv E_{t-1}\left[s_t s'_t\right] = I(\delta_t)$$

因而，时变参数 Copula 相依结构函数参数的下一期的值是常数项、当前值和 Copula 相依结构函数最大似然得分 $I_t^{-1/2} s_t$ 的函数。

通过对 Copula 相依结构函数的定义、基本性质、相关性测度、建模与估计方法、常用的二元 Copula 相依结构函数及其相关性测度与时变参数 Copula 相依结构函数等方面内容的上述系统介绍，我们不难发现，Copula 相依结构函数具有如下优良的特性：一是由于 Copula 相依结构函数使得我们可以将多变量模型分解成随机变量的边缘分布与这些随机变量边缘分布的相依结构两部分分别进行研究，因而我们利用 Copula 相依结构函数进行多变量建模时，模型的参数估计往往更为简单。二是由于在实际应用中不限制边缘分布函数的选择，因而我们能够选取各种 Copula 相依结构函数和各种边缘分布来构造非常灵活的多元分布函数。三是在对变量进行严格单调递增变换的情况下，通过 Copula 相依结构函数所得到的一致性和相关性测度是不变的；更为重要的是，Copula 相依结构函数能够捕捉随机变量之间潜在的非线性、非对称以及尾部相关关系，因而，基于 Copula 相依结构函数的模型是非线性相依的模型，往往更能描述和刻画现实世界。

4.2　系统性金融风险与系统性金融风险贡献测度的理论建模

正如文献综述部分所述，诸多研究表明，金融资产或者金融机构在市场行情下行或危机的阶段通常具有比正常状态更强的相关关系（Longin & Solnik，2001；Ang & Chen，2002），并且这种相关关系往往呈现非线性、非对称的特征（Mishkin，2011）。显然，传统的 Pearson 线性相关系数往往不能有效捕捉这种非线性、非对称的关系。据我们所知，除 Jiang（2012）和沈悦等（2014）等少数文献外，关于系统性金融风险与系统性金融风险贡献测度的现有文献，如 Adrian 和 Brunnermeier（2016）、Girardi 和 Ergün（2013）及肖璞等（2012）等，尚没有充分地关注和解决这一问题。根据 Patton（2012）等学者的研究成果，Copula 相依结构函数能够捕捉随机变量之间潜在的非线性、非对称以及尾部相关关系。因而，该部分拟用 4.1 节介绍的 Copula 相依结构理论来对 Adrian 和 Brunnermeier（2016）、Girardi 和 Ergün（2013）等学者现有的系统性金融风险 CoVaR 测度方法进行扩展，以得到适用于不同类型常参数与时变参数 Copula

相依结构函数及其不同分布假设的动态系统性金融风险与系统性金融风险贡献测度的理论模型，以捕捉银行等金融机构与银行业等金融系统潜在的非线性、非对称相依结构。

4.2.1 基于 CoVaR 的系统性金融风险与系统性金融风险贡献的定义

给定金融机构收益率序列 R_t^i 和置信水平 $(1-q)$，在险价值 VaR_{qt}^i 被定义为收益率分布的 q 分位数，即 $pr(R_t^i \leqslant -VaR_{qt}^i) = q$。Adrian 和 Brunnermeier（2016）首创条件在险价值（CoVaR）的概念用于测度金融机构的系统性金融风险及其系统性金融风险贡献，他们将其定义为：当金融机构 i 处于危机状态（$R_t^i = -VaR_{qt}^i$）时，整个金融系统 s 的收益率 R_t^s 在 q 分位数下的在险价值 VaR，即

$$pr(R_t^s \leqslant -CoVaR_{qt}^{s|i} \mid R_t^i = -VaR_{qt}^i) = q$$

显然，条件在险价值 $CoVaR_{qt}^{s|i}$ 旨在捕捉金融机构 i 在危机状态时对整个金融系统 s 的潜在风险溢出效应。

在该条件在险价值 $CoVaR_{qt}^{s|i}$ 概念下，金融机构 i 对金融系统 s 的系统性金融风险贡献被定义为：危机状态下的条件在险价值 $CoVaR_{qt}^{s|i}$ 与中位数状态下的条件在险价值 $CoVaR_{qt}^{s|i^{median}}$ 之差，即

$$\Delta CoVaR_{qt}^{s|i} = CoVaR_{qt}^{s|i} - CoVaR_{qt}^{s|i^{median}}$$

针对 Adrian 和 Brunnermeier（2016）CoVaR 方法存在的诸如"没有考虑更为严重的尾部风险情形""不满足对相依结构参数的一致性特征[①]"等缺陷，Girardi 和 Ergün（2013）对 Adrian 和 Brunnermeier（2016）的 CoVaR 方法进行了改进，将 $CoVaR_{qt}^{s|i}$ 重新定义如下：

$$pr(R_t^s \leqslant -CoVaR_{qt}^{s|i} \mid R_t^i \leqslant -VaR_{qt}^i) = q \qquad (4-2)$$

在本书中，我们采用的是 Girardi 和 Ergün（2013）改进后的 $CoVaR_{qt}^{s|i}$ 的定义。正如 Girardi 和 Ergün（2013）所言，与 Adrian 和 Brunnermeier（2016）的定义相比，除 $R_t^i \leqslant -VaR_{qt}^i$ 对危机事件的刻画更为准确外，该 CoVaR 定义还具有如下优点：一是能够考虑金融机构 i 更为严重的尾部风险情形（即 $R_t^i \leqslant -VaR_{qt}^i$）的风险溢出效应；二是能够利用广泛使用的 Kupiec（1995）和

[①] 正如 Mainik 和 Schaanning（2012）等学者所言，Adrian 和 Brunnermeier（2011）所定义的条件在险价值 CoVaR 不满足对相依结构参数的一致性特征：当相依结构参数超过一定的阈值时，Adrian 和 Brunnermeier（2011）所定义的条件在险价值 CoVaR 反而呈现下降趋势。

Christoffersen（1998）检验对 $R_t^i \leqslant VaR_{qt}^i$ 情形下的系统性金融风险测度 $CoVaR_{qt}^{s|i}$ 进行后验分析；三是它满足对相依结构参数的一致性特性（Mainik & Schaanning，2014；Bernard et. al.，2013）。

根据条件概率相关理论，我们可以将式（4-2）重新推导表述如下：

$$\frac{pr(R_t^s \leqslant -CoVaR_{qt}^{s|i}, R_t^i \leqslant -VaR_{qt}^i)}{pr(R_t^i \leqslant -VaR_{qt}^i)} = q$$

因而，

$$pr(R_t^s \leqslant -CoVaR_{qt}^{s|i}, R_t^i \leqslant -VaR_{qt}^i) = q^2 \qquad (4-3)$$

4.2.2　基于 Copula 相依结构函数的理论建模

正如 4.1.1 节所述，基于 Copula 相依结构函数的模型提供了多元分布建模极大的灵活性：它允许研究者将各变量的边缘分布建模与变量之间的 Copula 相依结构建模分开考虑。因而，我们采用 Copula 相依结构理论对如式（4-3）的 $CoVaR_{qt}^{s|i}$ 进行建模，将金融机构 i 的收益率序列 R_t^i 和金融系统 s 的收益率序列 R_t^s 的边缘分布建模与它们边缘分布之间的相依结构分开进行考虑，以捕捉金融机构 i 和金融系统 s 之间潜在的非线性、非对称以及尾部相关关系。

根据 4.1.3 节"基于 Copula 相依结构函数模型的建模与估计方法"，我们需要采用如下两个步骤对基于 Copula 相依结构函数的如式（4-3）所示的 $CoVaR_{qt}^{s|i}$ 模型进行相应建模：一是要对金融机构 i 的收益率序列 R_t^i 和金融系统 s 的收益率序列 R_t^s 的边缘分布进行恰当建模；二是要选择一个合适的 Copula 相依结构函数，使其能够很好地刻画金融机构 i 的收益率序列 R_t^i 和金融系统 s 的收益率序列 R_t^s 之间潜在的非线性、非对称尾部相依结构。

（一）金融机构与金融系统收益率序列的边缘分布建模

诸多研究表明，金融资产收益率分布通常具有"有偏"和"尖峰厚尾"等典型特征；就金融收益率序列波动率的典型特征而言，一是波动性聚类（Volatility Cluster），即金融收益率序列的波动率常常在一段时间内偏高，而另一段时间内偏低；二是均值回复，即金融收益率序列的波动率总在一定的范围内变化，而不会发散到无穷；三是杠杆效应，即金融收益率的波动率往往对价格大幅度上升和价格大幅度下降具有不同的反应。

为了准确刻画金融机构 i 的收益率序列 R_t^i 和金融系统 s 的收益率序列 R_t^s 边缘分布潜在的"有偏""尖峰厚尾"等典型特征和金融机构 i 的收益率序列 R_t^i 和金融系统 s 的收益率序列 R_t^s 波动率潜在的"波动性聚类""均值回复"和

"杠杆效应"等典型特征，我们利用 AR（1）－GJR－GARCH（1，1，1）模型对金融机构和金融系统的收益率序列 $R_t^j(j=i,s)$ 进行如下建模：

$$R_t^j = u_t^j + \varepsilon_{jt} = \alpha_0^j + \alpha_1^j R_{t-1}^j + z_t^j \sigma_{jt} \quad (j=i,s)$$

$$\sigma_{jt}^2 = \beta_0^j + \beta_1^j \varepsilon_{jt-1}^2 + \beta_2^j I(\varepsilon_{jt-1} \leq 0) \varepsilon_{jt-1}^2 + \beta_3^j \sigma_{jt-1}^2 \quad (j=i,s) \quad (4-4)$$

其中，z_t^j 是服从均值为 0、方差为 1 的分布的标准化残差序列，其分布类型可以是正态分布、t 分布、有偏 t 分布以及广义指数分布（Generalized Exponential Distribution，GED）等分布类型中的任意一种分布形式。在具体的操作中，我们可以根据金融机构和金融系统收益率序列 $R_t^j(j=i,s)$ 边缘分布的特征在这些正态分布、t 分布、有偏 t 分布以及 GED 等分布类型中进行合适的选择。

在标准化残差序列 z_t^j 的分布，进而金融机构和金融系统的收益率序列 $R_t^j(j=i,s)$ 分布给定的情况下，相应的在险价值 VaR_{qt}^j 可以用公式表示如下：

$$VaR_{qt}^j = -u_t^j - \sigma_{jt} F_z^{-1}(q) \quad (j=i,s) \quad (4-5)$$

（二）选择最优的 Copula 相依结构函数

为了用 Copula 相依结构函数来刻画金融机构 i 的收益率序列 R_t^i 和金融系统 s 的收益率序列 R_t^s 之间潜在的非线性、非对称尾部相依结构，我们首先对上述边缘分布建模中的标准化残差序列 z_t^j 进行如下概率积分转换：$U_t^s = F_s(z_t^s)$，$V_t^i = F_i(z_t^i)$。

正如"4.1 Copula 相依结构理论"所述，按照 Copula 相依结构函数的性质，Copula 相依结构函数可以分为椭圆型 Copula 相依结构函数和阿基米德型 Copula 相依结构函数等类型。常用的椭圆型 Copula 相依结构函数主要有正态 Copula 函数和 Student's t Copula 函数。常用的阿基米德型 Copula 相依结构函数主要有 Gumbel Copula 相依结构函数、Clayton Copula 相依结构函数、Frank Copula 相依结构函数等。根据 Copula 相依结构函数参数是否具有时变性，我们可以将 Copula 相依结构函数分为常参数 Copula 相依结构函数和时变参数 Copula 相依结构函数。

我们根据 Copula 相依结构函数与金融机构 i 的收益率序列 R_t^i 和金融系统 s 的收益率序列 R_t^s 的拟合情况及极大似然准则，在"4.1.4 常用的二元 Copula 相依结构函数与相关性测度"介绍的 9 个常用的二元常参数 Copula 相依结构函数和 3 个常用的时变参数 Copula 相依结构函数中选择最优的 Copula 相依结构函数，它们不仅包括 Normal Copula、Clayton Copula、Rotated Clayton Copula、Plackett Copula、Frank Copula、Gumbel Copula、Rotated Gumbel Copula、Student's t Copula、Symmetrised Joe－Clayton（SJC）Copula 等 9 个常用的二元常

参数 Copula 相依结构函数，而且包括 Normal Copula、Rotated Gumbel Copula 和 SJC Copula（TV – SJC）等 3 个常用的二元时变参数 Copula 相依结构函数。

根据"4.1.4 常用的二元 Copula 相依结构函数与相关性测度"，我们将这 9 个常用常参数 Copula 相依结构函数的参数、Spearman 秩相关系数、Kendall 秩相关系数 τ、上尾和下尾相关系数 λ^U 和 λ^L 的相关情况汇总如表 4 – 1 所示。

表 4 – 1　　常见二元 Copula 相依结构函数的参数及其相关系数

常参数	参数	参数范围	Spearman ρ	Kendall's τ	τ^L	τ^U
Normal	ρ	$(-1, 1)$	$6/\pi \arcsin\rho$	$2/\pi \arcsin\rho$	0	0
Student's t	ρ, k	$(-1, 1) \times (2, \infty)$	n. a.	$2/\pi \arcsin\rho$	$g_T(\rho,k)$	$g_T(\rho,k)$
Gumbel	α	$(0,1]$	n. a.	$1 - \alpha$	0	$2 - 2^\alpha$
Rot – Gumbel	α	$(0,1]$	n. a.	$1 - \alpha$	$2 - 2^\alpha$	0
Clayton	θ	$(0, \infty)$	n. a.	$\theta/(\theta + 2)$	$2^{-1/\theta}$	0
Rot – Clayton	θ	$(0, \infty)$	n. a.	$\theta/(\theta + 2)$	0	$2^{-1/\theta}$
Frank	λ	$(-\infty,0) \cup (0,\infty)$	$g_{F,\rho}(\lambda)$	$g_{F,\tau}(\lambda)$	0	0
Plackett	δ	$[0,1) \cup (1,\infty)$	$g_{P,\rho}(\delta)$	n. a.	0	0
SJC	γ, κ	$(0, \infty) \times [1, \infty)$	n. a.	n. a.	τ^L	τ^U

注：① "n. a." 表示该相关系数没有显性的封闭表达式；② Student's t Copula 相依结构函数的上、下尾相关系数：$g_T(\rho,k) = 2 \times F_t(-\sqrt{(k+1)(\rho-1)/(\rho+1)}, k+1)$；③ Frank Copula 相依结构函数的 Spearman 秩相关系数 ρ 和 Kendall 秩相关系数 τ 分别为：$g_{F,\rho}(\lambda) = 1 - 12(D_1(\lambda) - D_2(\lambda))/\lambda$ 和 $g_{F,\tau}(\lambda) = 1 - 4(1 - D_1(\lambda))/\lambda$，其中，$D_k(x) = kx^{-k} \int_0^x t^k (e^t - 1)^{-1} dt$；④ Plackett Copula 相依结构函数的 Spearman 秩相关系数 ρ：$g_{P,\rho}(\delta) = (\delta^2 - 2\delta\ln\delta - 1)/(\delta - 1)^2$；⑤ SJC Copula 相依结构函数的上尾和下尾相关系数 τ^L 和 τ^U 分别为：$\lambda^U = 2 - 2^{\frac{1}{\kappa}}$，$\lambda^L = 2 - 2^{\frac{1}{\gamma}}$。

正如"4.1.5 时变参数 Copula 相依结构函数"所言，关于上述 Normal Copula、Rotated Gumbel Copula 和 SJC Copula（TV – SJC）等 3 个常用的二元时变参数 Copula 相依结构函数时变参数的时变模式，我们遵循 Patton（2012）所采用的广义自回归得分（Generalized Autoregressive Score，GAS）模型，即这三个时变参数型 Copula 相依结构函数参数的下一期值是常数项、当前值和该 Copula 相依结构函数最大似然得分的函数。

4.2.3　系统性金融风险与系统性金融风险贡献的测度

在上述金融机构 i 的收益率序列 R_t^i 和金融系统 s 的收益率序列 R_t^s 边缘分布

建模和最优 Copula 相依结构函数选择的基础上，我们可以进一步推导和求解金融机构 i 的系统性金融风险与系统性金融风险贡献的表达式。

（一）金融机构 i 危机状态下的系统性金融风险 $CoVaR_{qt}^{s|i}$

在上述金融机构 i 的收益率序列 R_t^i 和金融系统 s 的收益率序列 R_t^s 边缘分布建模和合适 Copula 相依结构函数选择的基础上，我们可以将式（4－3）推导和重新表述如下：

$$F_t(-CoVaR_{qt}^{s|i}, -VaR_{qt}^i) = q^2$$

$$C_t(F_{st}((-CoVaR_{qt}^{s|i} - \mu_t^s)/\sigma_{st}), q) = q^2$$

其中，$F_t(\cdot, \cdot)$ 表示收益率序列 R_t^s 与 R_t^i 的联合分布函数；$C_t(\cdot, \cdot)$ 表示连接收益率序列 R_t^s 与 R_t^i 边缘分布的 Copula 相依结构函数；$F_{st}(\cdot)$ 表示收益率序列 R_t^s 的分布函数。因此，危机状态下的 CoVaR，即当金融机构 i 处于危机状态（$R_t^i \leqslant -VaR_{qt}^i$）时，整个金融系统 s 的条件在险价值如下所示：

$$CoVaR_{qt}^{s|i} = -\mu_t^s - \sigma_{st}F_{st}^{-1}(C_{qt}^{-1}(q^2)) \tag{4－6}$$

其中，$F_{st}^{-1}(\cdot)$ 表示 $F_{st}(\cdot)$ 的反函数；$C_{qt}^{-1}(\cdot)$ 表示 Copula 相依结构函数 $C_t(\cdot, q)$ 的反函数。

（二）金融机构 i 基准状态下的系统性金融风险 $CoVaR_{qt}^{s|b^i}$

为了测度金融机构 i 的系统性金融风险贡献，我们还需进一步测度当该金融机构处于基准状态，或者说正常状态时，整个金融系统 s 的条件在险价值，记为 $CoVaR_{qt}^{s|b^i}$。我们借鉴 Adrian 和 Brunnermeier（2016）等学者的通常做法，采用金融机构 i 收益率 R_t^i 序列的中位数作为金融机构 i 的基准状态，以此求解金融系统 s 在基准状态下的条件在险价值。与金融机构 i 危机状态下的系统性金融风险 $CoVaR_{qt}^{s|i}$ 的推导相似，我们能求得金融机构 i 基准状态下的系统性金融风险 $CoVaR_{qt}^{s|b^i}$，即当金融机构 i 处于基准状态时，整个金融系统 s 的条件在险价值如式（4－7）所示：

$$CoVaR_{qt}^{s|b^i} = -\mu_t^s - \sigma_{st}F_{st}^{-1}(C_{0.5t}^{-1}(0.5q)) \tag{4－7}$$

（三）金融机构 i 的系统性金融风险贡献 $\Delta CoVaR_{qt}^{s|i}$

遵循 Adrian 和 Brunnermeier（2016）等学者的通常做法，我们将金融机构 i 的系统性金融风险贡献定义为金融机构 i 在危机状态下的系统性金融风险 $CoVaR_{qt}^{s|i}$ 与其在基准状态或正常状态的系统性金融风险 $CoVaR_{qt}^{s|b^i}$ 之差，用于测度金融机构 i 在时点 t 可能的风险事件对整个金融系统 s 潜在的风险溢出水平，其表达式为

$$\Delta CoVaR_{qt}^{s \mid i} = CoVaR_{qt}^{s \mid i} - CoVaR_{qt}^{s \mid bi} \qquad (4-8)$$

$CoVaR$ 和 $\Delta CoVaR$ 将风险溢出效应和传统的 VaR 相结合，能够实时反映金融机构 i 可能的风险事件对整个金融系统 s 潜在的风险溢出水平。这对于关注整个金融系统稳定的宏观审慎监管当局具有非常重要的意义：它们能够以股市交易数据为基础实时监测出所有上市金融机构（银行、证券和保险等）系统性金融风险贡献的演化动态，并以此为依据采取相应具有时效性的宏观审慎监管措施。

同时，该动态系统性金融风险与系统性金融风险贡献测度框架也适用于考察在一个特定金融机构、金融市场和行业处于危机状态时，其他金融机构、金融市场和行业条件在险价值的动态演化特征，即该测度框架能够广泛应用于测度不同金融机构、不同金融市场及不同行业间的动态风险溢出效应。

4.3　基于中国上市商业银行的实证分析

该部分以中国上市商业银行作为研究对象，利用上市商业银行的股市收益率序列和银行业指数的收益率序列来实证考察中国银行业的系统性金融风险与系统性金融风险贡献。

4.3.1　数据来源

本书以中国上市商业银行作为研究对象来考察中国银行业的系统性金融风险与系统性金融风险贡献，主要有如下原因：一是中国目前是以银行业为主导的金融体系，银行业的资产规模在整个金融体系中具有绝对支配地位；从规模和利润看，中国上市商业银行资产总和与净利润总和均占中国银行业资产总和与净利润总和的 80% 以上；从样本类型看，中国上市商业银行不仅包括大型商业银行和股份制商业银行，而且还包括城市商业银行，因此本书选择中国上市商业银行作为样本可以在一定程度上代表中国银行业。二是数据可得性。我们在 4.2 节构建的动态系统性金融风险与系统性金融风险贡献测度的理论模型是以金融机构和金融系统的收益率序列为基础的，因而需要选择上市商业银行的股价收益率序列和银行业的收益率序列进行中国银行业系统性金融风险与系统性金融风险贡献的测度与实证分析。事实上，运用基于市场数据来研究中国银行业系统性金融风险的现有研究文献，如肖璞等（2012）、吴恒煜等（2013）及白雪梅和石大龙（2014）等，都是选择中国上市商业银行的股价数据来研究中国银行业系统性金融风险的。正如 Huang 等（2009）和肖璞等（2012）等学者所言，银行等金融机构的股价变化在一定程度上能够及时反映当前资产价格变化的风险及其资产的流动性风险，体现了市场对其未来表现的预期及其系统性金融风险在时间维度上的变化，具有较强的前瞻性与实效性（Huang et al. , 2009；肖璞等，2012）。此外，诸多研究文献（Achaya, 2009；Billio et al. , 2010）表明，相比于证券和保险等金融机构而言，商业银行等存款类金融机构是最主要的系统重要性金融机构①。

　　具体而言，我们选择了包含中国银行、中国工商银行和中国建设银行等 4 家大型商业银行，平安银行②、招商银行和中信银行等 7 家股份制商业银行，北京银行、南京银行和宁波银行等 3 家城市商业银行在内的 14 家中国上市商业银行③在 2008 年 1 月 1 日至 2015 年 12 月 31 日期间的每日股价数据作为研究样本④。其中 2008 年 1 月 1 日至 2013 年 12 月 31 日作为样本内参数估计区间，2014 年 1 月 1 日至 2015 年 12 月 31 日作为样本外预测区间。这 14 家上市商业银行的所有股价数据均来源于国泰安 CSMAR 数据库。从样本类型看，该样本中不仅包括国有大型商业银行和股份制商业银行，也包括城市商业银行；从规模和利润看，这 14 家上市商业银行的资产和利润总和约占中国银行业的 80% 左右；因而，本书所选择的 14 家上市商业银行能够较好地代表中国银行业。同时，整个样本区间涵盖了 2008 年爆发的国际金融危机、2013 年 6 月底中国"钱荒"和 2015 年 6 月中国"股灾"等典型系统性金融风险事件，因而

---

　　① 他们认为，银行等存款类金融机构独特的资产结构和中长期贷款的非流动性导致它们往往难以抵挡突然出现的大型损失，从而成为系统性金融风险的自然储水池；同时，在市场剧烈波动的时期，银行等存款类金融机构往往面临着更为严格的资本监管，为了满足监管要求，部分机构不得不进行资产抛售，这将进一步放大它们的损失。

　　② 2012 年 1 月，平安银行的前身深圳发展银行收购平安保险集团旗下的深圳平安银行，并将深圳发展银行更名为新的平安银行，经组建正式对外营业。为了表述的方便，本书统一使用"平安银行"的名称。

　　③ 这 14 家中国上市商业银行分别是中国银行、中国工商银行、中国建设银行、交通银行、平安银行、上海浦东发展银行、招商银行、中国民生银行、华夏银行、兴业银行、中信银行、宁波银行、南京银行和北京银行。

　　④ 由于中国农业银行和中国光大银行分别于国际金融危机之后的 2010 年 7 月 15 日和 2010 年 8 月 18 日上市交易；相比于本书采用的其他 14 家上市商业银行，中国农业银行和中国光大银行的样本量相对较少；出于比较和分析的需要，本书没有将中国农业银行和中国光大银行纳入实证分析的范围。

能够有效评估该动态系统性金融风险测度 CoVaR 对中国上市商业银行系统性金融风险及其系统性金融风险贡献的捕捉情况。

我们选择申万银行指数来反映样本期间中国银行业整体的股价变化状况。申银万国行业股价系列指数根据申银万国行业分类标准，以在沪深证券交易所上市的 A 股自由流通市值为权重，采用派氏指数法编制而成，以反映不同行业平均股价的变化状况。申万银行指数以 1999 年 12 月 31 日作为基期，从 2000 年 1 月 4 日开始发布；它较为全面地包括了各个时期的中国银行业上市公司，因而能够较好地反映中国银行业整体的股价变化状况[①]。申万银行指数数据来源于 RESSET 金融研究数据库。

4.3.2　描述统计与边缘分布建模

我们采用如下公式计算上述上市商业银行和银行业指数的日对数收益率：$R_t^j = 100 \times \ln(p_t^j / p_{t-1}^j)$，其中，$p_t^j$ 表示上市商业银行或申万银行指数 j 在第 t 期经调整的可比价格或价格指数。表 4-2 是 14 家中国上市商业银行股价和申万银行指数日对数收益率在样本内的描述统计。2008 年 1 月 1 日至 2013 年 12 月 31 日的样本期间，除中国工商银行、华夏银行和宁波银行外，其余上市商业银行的股价收益率序列均存在显著的"有偏"；峰度系数均显著大于 3，即具有"尖峰厚尾"等金融资产收益率分布的典型特征；Jarque - Bera 检验结果表明，在 1% 的显著水平下所有收益率序列均显著异于正态分布。显然，这为我们在利用"4.2.2 基于 Copula 相依结构函数的理论建模"部分的 AR（1）- GJR - GARCH（1，1，1）模型对上市商业银行收益率序列 R_t^i 和银行业收益率序列 R_t^s 边缘分布建模中标准化残差序列 $z_{j,t}(j = i, s)$ 的分布选择提供了重要的参考依据：这 14 家中国上市商业银行的股价收益率序列和银行指数收益率序列的边缘分布建模均采用有偏 t 分布假设。

表 4-2　　　　　　　　上市商业银行和银行指数收益率的描述统计

银行	样本数	均值	中位数	最大值	最小值	标准差	偏度	峰度	JB 检验
指数	1457	-0.018	-0.090	10.020	-9.860	2.075	0.198 ***	6.944 ***	0.000
中国银行	1441	-0.032	0.000	10.164	-9.169	1.570	0.527 ***	10.689 ***	0.000

---

① 关于申万银行指数等行业股价指数的详细信息可以参考申银万国股价系列指数编制说明书 4.01 及其最新版本。

续表

银行	样本数	均值	中位数	最大值	最小值	标准差	偏度	峰度	JB 检验
工商银行	1439	-0.024	0.000	10.053	-10.043	1.660	0.065	10.153 ***	0.000
建设银行	1442	-0.025	0.000	10.024	-10.094	1.788	0.169 ***	8.371 ***	0.000
交通银行	1442	-0.053	0.000	10.082	-9.813	2.109	0.118 *	7.008 ***	0.000
平安银行	1374	0.011	-0.063	10.042	-10.018	2.824	0.304 ***	5.408 ***	0.000
浦发银行	1440	0.003	-0.098	10.031	-10.026	2.678	0.239 ***	6.020 ***	0.000
招商银行	1435	-0.027	-0.076	9.994	-10.007	2.450	0.158 ***	6.143 ***	0.000
民生银行	1440	0.024	0.000	10.101	-10.000	2.349	0.190 ***	6.129 ***	0.000
华夏银行	1435	0.007	0.000	10.070	-10.048	2.669	0.059	5.448 ***	0.000
兴业银行	1439	0.006	-0.077	10.053	-10.020	2.750	0.109 *	5.295 ***	0.000
中信银行	1438	-0.028	0.000	10.090	-9.921	2.303	0.129 **	6.164 ***	0.000
宁波银行	1443	-0.020	0.000	10.073	-10.016	2.520	0.071	5.412 ***	0.000
南京银行	1444	0.002	0.000	10.065	-10.007	2.364	0.263 ***	5.928 ***	0.000
北京银行	1442	-0.019	0.000	10.000	-10.013	2.387	0.116 *	5.780 ***	0.000

注：①＊、＊＊、＊＊＊分别表示在10%、5%和1%的显著性水平上显著；②最后一栏"JB 检验"报告的是 Jarque – Bera 检验的 P 值。

4.3.3　最优 Copula 相依结构函数的选择结果

在利用 AR（1）– GJR – GARCH（1，1，1）模型分别对各上市商业银行收益率序列 R_t^i 和银行业指数收益率序列 R_t^s 的边缘分布进行恰当建模后，我们首先对各收益率序列的标准化残差序列 $z_{j,t}(j = i,s)$ 进行相应的概率积分转换，然后根据极大似然准则在上述 9 个常参数 Copula 相依结构函数和 3 个时变参数 Copula 相依结构函数中选择最优的 Copula 相依结构函数。最优 Copula 相依结构函数的选择结果如表 4 – 3 所示。中国工商银行和交通银行选择时变参数型 SJC Copula 相依结构函数，中国银行等其余 12 家银行选择 Student's t Copula 相依结构函数。这些最优的 Copula 相依结构函数都包含正的相关关系，但具有不同类型的尾部相依特征：Student's t Copula 相依结构函数具有对称的尾部相依特征；时变参数型 SJC Copula 相依结构函数具有非对称的尾部相依特征。这表明中国上市商业银行和中国银行业之间的相依结构具有多样化特征，可能难以用单一函数来进行恰当刻画。

表 4 – 3　　　　上市商业银行与银行业指数收益率序列最优 Copula
相依结构函数的拟合结果

银行	最优 Copula	参数估计值	Kendall τ	$U\tau$	$L\tau$
中国银行	Student's t	$\rho = 0.8219$；$\nu = 4.9280$	0.6142	0.4757	0.4757
工商银行	TV – SJC	$U\tau = 0.6671$；$L\tau = 0.6246$	n. a.	0.6671	0.6246
建设银行	Student's t	$\rho = 0.8424$；$\nu = 4.8314$	0.6377	0.5072	0.5072
交通银行	TV – SJC	$U\tau = 0.8587$；$L\tau = 0.7319$	n. a.	0.8587	0.7319
平安银行	Student's t	$\rho = 0.8883$；$\nu = 3.8492$	0.6963	0.6160	0.6160
浦发银行	Student's t	$\rho = 0.9000$；$\nu = 2.1000$	0.7129	0.7125	0.7125
招商银行	Student's t	$\rho = 0.9000$；$\nu = 2.6673$	0.7129	0.6850	0.6850
民生银行	Student's t	$\rho = 0.9000$；$\nu = 3.1874$	0.7129	0.6621	0.6621
华夏银行	Student's t	$\rho = 0.8879$；$\nu = 4.0754$	0.6956	0.6063	0.6063
兴业银行	Student's t	$\rho = 0.9000$；$\nu = 2.9747$	0.7129	0.6713	0.6713
中信银行	Student's t	$\rho = 0.8730$；$\nu = 4.8016$	0.6756	0.5544	0.5544
宁波银行	Student's t	$\rho = 0.8570$；$\nu = 4.6042$	0.6554	0.5373	0.5373
南京银行	Student's t	$\rho = 0.8872$；$\nu = 5.2111$	0.6947	0.5639	0.5639
北京银行	Student's t	$\rho = 0.8915$；$\nu = 4.1597$	0.7007	0.6091	0.6091

注："n. a." 表示相应的 Copula 函数的 Kendall's τ 秩相关系数没有显性的封闭表达式，因而没有在估计结果中列示；由于中国工商银行与银行业指数收益率对及交通银行与银行业指数收益率对选择的最优 Copula 函数是时变参数型 SJC Copula 函数，因而表中报告的是其相关系数的平均值。

关于最优 Copula 相依结构函数选择的上述研究结论在一定程度上支持了我们在 "4.2 系统性金融风险与系统性金融风险贡献测度的理论建模" 部分利用 Copula 相依结构理论来扩展和求解 Adrian 和 Brunnermeier（2016）、Girardi 和 Ergün（2013）等学者首创和改进的条件在险价值 CoVaR 方法的正确性。

4.3.4　系统性金融风险与系统性金融风险贡献测度结果的实证分析

在各上市商业银行收益率序列和银行指数收益率序列边缘分布建模及其各上市商业银行收益率序列边缘分布和银行指数收益率序列边缘分布之间最优 Copula 相依结构函数选择结果的基础上，我们在 5% 的显著性水平下分别测度了上述 14 家中国上市商业银行在样本内参数估计区间和样本外预测区间的在险价值 VaR、系统性金融风险 CoVaR、系统性金融风险贡献 ΔCoVaR。它们在样本内参数估计区间和样本外预测区间的描述统计分别如表4-4、表4-5和表4-6所示。我们发现，对绝大多数银行而言，它们的在险价值 VaR、系统性金融风险 CoVaR 和系统性金融风险贡献 ΔCoVaR 的测度结果在样本外预测区间的均值均大于它们在样本内参数估计区间的测度结果。这可能与中国在2015年6月爆发了"股灾"等典型系统性风险事件有关。

表4-4　　　　　　中国上市商业银行在险价值 VaR 的描述统计

银行	样本内					样本外				
	Obs	Mean	Sd	Min	Max	Obs	Mean	Sd	Min	Max
中国银行	1441	2.066	1.023	0.874	7.027	489	2.898	1.628	0.959	7.171
工商银行	1439	2.289	1.119	1.012	8.266	489	2.651	1.435	1.083	7.683
建设银行	1442	2.483	1.17	1.157	7.419	489	3.023	1.739	1.047	7.369
交通银行	1442	3.075	1.358	1.401	7.802	489	3.615	1.811	1.246	8.172
平安银行	1374	4.031	1.439	1.845	7.948	488	3.598	1.19	1.828	6.649
浦发银行	1440	3.887	1.708	1.698	8.382	474	3.381	1.181	1.605	5.8
招商银行	1435	3.744	1.558	1.789	8.831	484	3.299	1.297	1.544	6.2
民生银行	1440	3.364	1.287	1.628	7.65	489	3.353	1.317	1.573	6.806
华夏银行	1435	4.184	1.5	2.356	8.943	489	3.845	1.252	1.936	6.586
兴业银行	1439	4.072	1.502	1.763	7.957	489	3.606	1.185	1.825	6.25
中信银行	1438	3.52	1.194	1.808	8.223	487	4.49	1.506	1.994	8.563
宁波银行	1443	3.783	1.112	2.067	7.327	488	3.794	1.573	1.525	7.685
南京银行	1444	3.521	1.17	1.74	7.806	483	3.772	1.844	1.32	8.259
北京银行	1442	3.489	1.289	0.45	8.337	457	3.594	1.449	1.556	7.347

表4-5　　中国上市商业银行系统性金融风险 CoVaR 的描述统计

银行	样本内					样本外				
	Obs	Mean	Sd	Min	Max	Obs	Mean	Sd	Min	Max
中国银行	1441	6.463	2.712	3.03	14.892	489	6.58	2.565	3.129	11.888
工商银行	1439	6.2	2.605	2.909	14.098	489	6.529	2.676	2.963	11.869
建设银行	1442	6.385	2.719	2.991	14.621	489	6.494	2.528	3.092	11.706
交通银行	1442	6.248	2.65	2.919	14.288	489	6.532	2.695	2.967	11.978
平安银行	1374	6.494	2.755	2.951	14.653	488	6.491	2.556	3.076	11.859
浦发银行	1440	6.477	2.723	3.036	14.58	474	6.543	2.537	3.165	11.651
招商银行	1435	6.41	2.702	2.998	14.472	484	6.489	2.514	3.113	11.579
民生银行	1440	6.013	2.55	2.809	13.755	489	6.119	2.383	2.901	11

续表

银行	样本内					样本外				
	Obs	Mean	Sd	Min	Max	Obs	Mean	Sd	Min	Max
华夏银行	1435	6.164	2.613	2.907	13.947	489	6.265	2.404	3.017	11.136
兴业银行	1439	6.334	2.699	2.933	14.609	489	6.416	2.526	3.024	11.65
中信银行	1438	5.991	2.548	2.784	13.774	487	6.073	2.383	2.873	10.987
宁波银行	1443	6.268	2.673	2.922	14.233	488	6.364	2.456	3.035	11.356
南京银行	1444	6.454	2.725	3.021	14.773	483	6.542	2.549	3.152	11.785
北京银行	1442	6.411	2.712	2.999	14.722	457	6.545	2.632	3.107	11.746

表 4 - 6　中国上市商业银行系统性金融风险贡献 ΔCoVaR 的描述统计

银行	样本内					样本外				
	Obs	Mean	Sd	Min	Max	Obs	Mean	Sd	Max	Min
中国银行	1441	2.619	1.103	1.223	5.991	489	2.666	1.042	1.262	4.844
工商银行	1439	2.33	0.983	1.091	5.252	489	2.634	1.182	1.102	4.889
建设银行	1442	2.549	1.088	1.19	5.816	489	2.592	1.012	1.23	4.7
交通银行	1442	2.385	1.014	1.109	5.429	489	2.65	1.189	1.121	4.972
平安银行	1374	2.456	1.045	1.112	5.557	488	2.455	0.97	1.16	4.488
浦发银行	1440	2.592	1.093	1.209	5.806	474	2.617	1.018	1.26	4.698
招商银行	1435	2.542	1.075	1.184	5.713	484	2.573	1	1.229	4.626
民生银行	1440	2.143	0.912	0.997	4.886	489	2.181	0.852	1.03	3.944
华夏银行	1435	2.393	1.017	1.125	5.385	489	2.432	0.936	1.167	4.355
兴业银行	1439	2.408	1.028	1.111	5.523	489	2.439	0.962	1.145	4.46
中信银行	1438	2.084	0.889	0.965	4.765	487	2.112	0.831	0.995	3.849
宁波银行	1443	2.4	1.026	1.115	5.42	488	2.437	0.943	1.158	4.379
南京银行	1444	2.613	1.105	1.219	5.947	483	2.648	1.034	1.272	4.804
北京银行	1442	2.567	1.09	1.195	5.866	457	2.62	1.057	1.238	4.738

（一）系统性金融风险与系统性金融风险贡献的横截面维度分析

分别以在险价值 VaR、系统性金融风险 CoVaR、系统性金融风险贡献 ΔCoVaR 的均值为基础，14 家中国上市商业银行在样本内参数估计区间和样本外预测区间的排序结果依次如表 4 - 7 和表 4 - 8 所示。

表 4 – 7   中国上市商业银行系统性金融风险测度均值排序：
样本内参数估计区间

银行	样本数	VaR		CoVaR		ΔCoVaR	
		均值	排序	均值	排序	均值	排序
中国银行	1441	2.066	14	6.463	3	2.619	1
工商银行	1439	2.289	13	6.2	11	2.33	12
建设银行	1442	2.483	12	6.385	7	2.549	5
交通银行	1442	3.075	11	6.248	10	2.385	11
平安银行	1374	4.031	3	6.494	1	2.456	7
浦发银行	1440	3.887	4	6.477	2	2.592	3
招商银行	1435	3.744	6	6.41	6	2.542	6
民生银行	1440	3.364	10	6.013	13	2.143	13
华夏银行	1435	4.184	1	6.164	12	2.393	10
兴业银行	1439	4.072	2	6.334	8	2.408	8
中信银行	1438	3.52	8	5.991	14	2.084	14
宁波银行	1443	3.783	5	6.268	9	2.4	9
南京银行	1444	3.521	7	6.454	4	2.613	2
北京银行	1442	3.489	9	6.411	5	2.567	4

表 4 – 8   中国上市商业银行系统性金融风险测度
均值排序：样本外预测区间

银行	样本数	VaR		CoVaR		ΔCoVaR	
		均值 1	排序 1	均值 2	排序 2	均值 3	排序 3
中国银行	489	2.898	13	6.58	1	2.666	1
工商银行	489	2.651	14	6.529	6	2.634	4
建设银行	489	3.023	12	6.494	7	2.592	7
交通银行	489	3.615	5	6.532	5	2.65	2
平安银行	488	3.598	7	6.491	8	2.455	9
浦发银行	474	3.381	9	6.543	3	2.617	6
招商银行	484	3.299	11	6.489	9	2.573	8
民生银行	489	3.353	10	6.119	13	2.181	13
华夏银行	489	3.845	2	6.265	12	2.432	12

银行	样本数	VaR		CoVaR		ΔCoVaR	
		均值1	排序1	均值2	排序2	均值3	排序3
兴业银行	489	3.606	6	6.416	10	2.439	10
中信银行	487	4.49	1	6.073	14	2.112	14
宁波银行	488	3.794	3	6.364	11	2.437	11
南京银行	483	3.772	4	6.542	4	2.648	3
北京银行	457	3.594	8	6.545	2	2.62	5

在样本内参数估计区间（2008 年 1 月 1 日至 2013 年 12 月 31 日），这 14 家中国上市商业银行的在险价值 VaR 均值排序由高到低依次是：华夏银行、兴业银行、平安银行、浦发银行、宁波银行、招商银行、南京银行、中信银行、北京银行、民生银行、交通银行、中国建设银行、中国工商银行和中国银行。我们发现，国有商业银行的在险价值显著地低于股份制商业银行和城市商业银行。14 家中国上市商业银行系统性金融风险 CoVaR 均值在样本内参数估计区间的排序由高到低依次是：平安银行、浦发银行、中国银行、南京银行、北京银行、招商银行、中国建设银行、兴业银行、宁波银行、交通银行、中国工商银行、华夏银行、民生银行和中信银行。14 家中国上市商业银行系统性金融风险贡献 ΔCoVaR 均值在样本内参数估计区间的排序由高到低依次是：中国银行、南京银行、浦发银行、北京银行、中国建设银行、招商银行、平安银行、兴业银行、宁波银行、华夏银行、交通银行、中国工商银行、民生银行和中信银行。

在样本外预测区间（2014 年 1 月 1 日至 2015 年 12 月 31 日），14 家中国上市商业银行在险价值 VaR 均值排序由高到低依次是：中信银行、华夏银行、宁波银行、南京银行、交通银行、兴业银行、平安银行、北京银行、浦发银行、民生银行、招商银行、中国建设银行、中国银行和中国工商银行。我们发现，国有商业银行的在险价值在样本外预测区间也显著地低于股份制商业银行和城市商业银行。14 家中国上市商业银行系统性金融风险 CoVaR 均值在样本外预测区间的排序由高到低依次是：中国银行、北京银行、浦发银行、南京银行、交通银行、中国工商银行、中国建设银行、平安银行、招商银行、兴业银行、宁波银行、华夏银行、民生银行和中信银行。14 家中国上市商业银行系统性金融风险 CoVaR 均值在样本外预测估计区间的排序由高到低依次是：中国银行、交通银行、南京银行、中国工商银行、北京银行、浦发银行、中国建设银行、招商银行、平安银行、兴业银行、宁波银行、华夏银行、民生银行和中信银行。

同时，我们发现，无论是样本内参数估计区间还是样本外预测区间，14 家中国上市商业银行的在险价值 VaR 均值的排序与其系统性金融风险贡献均值排序并没有必然联系，甚至部分银行在这种排序标准中刚好相反。这与 Adrian 和 Brunnermeier（2016）、Girardi 和 Ergun（2013）等学者关于"金融机构的在险价值与系统性金融风险贡献在横截面上的关系并不明显"的研究结论具有一定的相似性。这表明，仅仅关注单个金融机构稳健的微观审慎监管并不足以保证整个金融体系的稳定，因而在进行微观审慎监管的同时，要注重银行等金融机构的宏观审慎监管，并将两者结合起来。

（二）系统性金融风险与系统性金融风险贡献的时间维度分析

基于空间的限制，该部分以中国工商银行和中国银行、民生银行及北京银行等 4 家银行分别作为中国银行业大型商业银行、股份制商业银行和城市商业银行等三类银行的代表，来分析中国银行业上市商业银行系统性金融风险与系统性金融风险贡献在时间维度上的动态演化特征①，以验证我们在 4.2 节构建的动态系统性金融风险与系统性金融风险贡献测度模型的适用性。

图 4-1 是北京银行、中国工商银行、民生银行和中国银行 4 家代表性上市商业银行系统性金融风险测度的动态演化图，图中的阴影区域分别对应 2008 年国际金融危机、中国"钱荒"和"股灾"等典型系统性风险事件的爆发时点，黑色竖线是样本内和样本外预测区间的分割线。我们发现，无论是样本内还是样本外预测区间，系统性风险和系统性风险贡献测度 CoVaR 和 ΔCoVaR 在国际金融危机、中国"钱荒"和"股灾"等典型系统性风险事件的爆发时点均有明显的"突起"特征。除了这三个典型的系统性风险事件外，我们发现，系统性风险和系统性风险贡献测度 CoVaR 和 ΔCoVaR 还在如下三个时段也存在明显的突起特征：（1）2009 年 8 月左右。该段时间正值中国银行业融资票据集中到期。（2）2012 年底至 2013 年 4 月。这期间中国银监会严查中国银行业资金池业务，并明确表示银行业监管的首要任务是守住不发生系统性风险和区域性风险底线。这期间 CoVaR 和 ΔCoVaR 的上升反映了外界对包含银行业资金池理财业务、房地产和地方融资平台贷款风险的普遍担忧。

---

① 其他 12 家上市商业银行在险价值 VaR、条件在险价值 CovaR、系统性金融风险贡献 ΔCoVaR 和标准化的系统性金融风险贡献 ΔCoVaR 的动态演化图与中国工商银行和中国银行相应风险测度的动态演化图相似。

（3）2014 年底至 2015 年初。这期间中国银行业金融机构的不良贷款率陆续公布，呈现明显的反弹现象。由此可见，该动态系统性风险和系统性风险贡献测度能够有效捕捉重大风险事件期间各金融机构的潜在危机对整个银行业的影响。

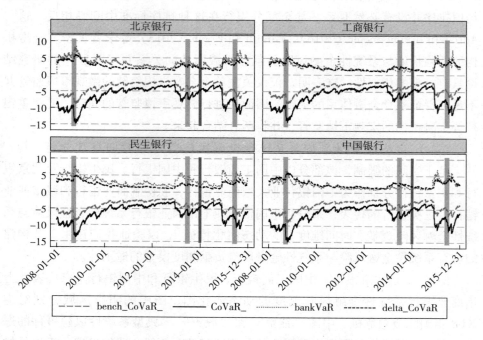

注：阴影区域分别对应国际金融危机、"钱荒"和"股灾"的爆发时点；下标"_"表示相应测度的相反数。

图 4 – 1　代表性银行系统性金融风险与系统性金融风险贡献测度 CoVaR 与 ΔCoVaR 的动态演化图

同时，我们发现，银行在险价值 VaR 与系统性风险贡献 ΔCoVaR 在时间序列上存在着较强的相关关系。这与 Adrian 和 Brunnermeier（2016）等诸多学者的研究结论是一致的。

5. 动态系统性金融风险测度的 后验分析：理论与实证

正如 Banulescu 等（2016）所言，有效性是任何系统性金融风险测度应用于宏观审慎监管或者成为行业标准的关键要求。因而，后验分析（Backtesting Analysis）是确保系统性金融风险和系统性金融风险贡献等风险测度准确性和应用价值的重要环节和必备步骤。所谓的后验分析是指用于验证预测损失是否与实际损失相符的正式统计检验框架（Jurion，1997）。据我们所知，除 Girardi 和 Ergun（2013）、Brownless 等（2016）和 Banulescu 等（2016）外，关于系统性金融风险测度 CoVaR 的现有文献基本没有涉及后验分析。借鉴 VaR 后验分析中广泛使用的 Kupiec（1995）和 Christoffersen（1998）检验，Girardi 和 Ergun（2013）对满足条件事件（$R_t^i \leqslant VaR_{qt}^i$）的 CoVaR 序列提出了无条件覆盖性和独立性①的后验分析假设。利用美国引入存款保险制度之前 60 年的金融危机数据，Brownless 等（2016）评估了 CoVaR 和 SRIKS 等系统性金融风险测度识别系统性金融风险金融机构的能力。然而，由于该检验方法需要大量的金融危机事件，该系统性金融风险测度的后验分析方法在大多数情况下都很难适用。Banulescu 等（2016）提出了针对 MES（Marginal Expected Shortfall）及其相关系统性金融风险测度的一般化后验分析框架，但他们仍然没有考虑对系统性金融风险测度中的条件事件进行后验分析。与 Girardi 和 Ergün（2013）、Banulescu 等（2016）不同，我们认为，严谨的后验分析不仅需要检验系统性金融风险测度 CoVaR，也需要检验系统性金融风险测度中条件事件的临界值 VaR；它们的"碰撞序列"，即系统性金融风险测度 CoVaR 的"碰撞序列"和"条件碰撞序列"，应该分别满足"无条件覆盖性""独立性"和"条件覆盖性"。同时，我们还认为，系统性金融风险测度 CoVaR 的"碰撞序列"和

---

① 在 Girardi 和 Ergun（2013）中，他们将独立性后验分析命名为"条件覆盖性"。

"条件碰撞序列"之间应该满足"混合独立性"。

该部分我们在借鉴 Kupiec（1995）、Christoffersen（1998）、Campbell（2005）及 Girardi 和 Ergün（2013）等学者研究成果的基础上，尝试构建适用于4.2 节动态系统性金融风险与系统性金融风险贡献理论测度模型的严谨后验分析框架，并以4.3 节14 家中国上市商业银行的动态系统性金融风险测度结果为基础进行相应的后验实证分析，以验证和评估第4 章动态系统性金融风险与系统性金融风险贡献理论测度模型的准确性与应用价值。

在险价值 VaR 后验分析的经典文献，如 Kupiec（1995）、Christoffersen（1998）和 Campbell（2005），是我们构建后续动态系统性金融风险测度模型后验分析框架的理论基础，因而，5.1 节主要介绍与在险价值 VaR 后验分析相关的理论知识。5.2 节旨在构建适用于第4 章动态系统性金融风险与系统性金融风险测度模型的严谨后验分析理论框架。5.3 节是以4.3 节14 家中国上市商业银行动态系统性金融风险的测度结果为基础进行相应的后验实证分析，以验证和评估该动态系统性金融风险与系统性金融风险贡献理论测度模型的准确性与应用价值。

5.1   在险价值 VaR 的后验分析

该部分我们以 Kupiec（1995）、Christoffersen（1998）、Campbell（2005）和 Dowd（2005）等经典文献为基础，来简要阐述在险价值 VaR 的后验分析。

后验分析首先需要有合适的数据。从风险测度的视角来看，后验分析需要的不是满足财务审慎要求的数据，而是能够很好反映波动性的数据。我们在第4.2 节构建的动态系统性金融风险和系统性金融风险贡献测度模型是以银行等上市金融机构的实时股价数据为基础的，因而能够很好地满足这一要求。在合理清理和收集数据的基础上，我们可以机构或商业单位为基础画出相应的后验分析图，以连续地反映收益或损失与相关的风险测度值。这些风险测度值将正常的收益或损失与异常的收益或损失（即超过相应风险测度的收益或损失）的取值区分开来。显然，后验分析图能够直观地表现这些数据序列随时间的变化情况，且能够很好地显示出相应的异常值。由此，我们能够较为容易地考察"异常值有多少个""它们的取值范围是多少""这些异常值的出现是否具有固定模式"等相关问题：（1）异常值过多意味着我们的风险测度估计过低；（2）异常值过少或根本没有意味着我们的风险测度估计过高；（3）风险测度线表现出平滑或者过度平滑意味着该风险测度可能没有得到充分地更新；（4）风险测度线出现突变，或者意味着波动性发生了突变，或者意味着风险测度的估计方式发生了变化。

在完成上述数据预分析的基础上，我们就可以进行公式化的后验分析。后验分析通常是以标准的假设检验为基础。首先，我们要设定后验分析的原假设，并选择在原假设被拒绝的情况下，将被接受的备择假设。其次，选择一个显著性水平，并估计原假设成立时相应事件的概率。通常而言，如果估计出的概率超过与选定显著性水平相关的概率值，我们将接受原假设；反之，我们拒绝原假设。显著性水平越低，即置信水平越高，我们越有可能接受原假设，而越不可能犯第一类错误，即将正确的模型错误地加以拒绝。不幸的是，这同时意味着我们可能犯第二类错误，即错误地接受另一类错误的模型。因此，任何检验都涉及这两类错误之间的权衡。正如 Dowd（2005）等学者所言，通常做法是，根据这两类错误的成本进行适当地权衡进而选择一个适当的显著性水平。在实践中，我们常常是任意选定一个显著性水平，如 5%，并将其应用于我们所有的检验。

在常用的在险价值 VaR 的后验分析方法中，首先是 Kupiec（1995）提出的基本频数检验，即后来学者经常提到的"无条件覆盖性检验"（Unconditional Coverage Tests）。该检验的核心思想是检验实际观测到的尾部损失的频率是否与根据模型预测的频率一致。在模型正确的原假设下，尾部损失数应该服从相应的二项分布。假设样本的观测值的个数为 N，设定的尾部超额损失的预测概率为 p，即选定的显著性水平为 p，则尾部超额损失数为 X，即超过 VaR 损失值的数量的概率为

$$pr(X \mid N, p) = \binom{N}{X} p^X (1 - p)^{N-X}$$

如果尾部超额损失，即超过 VaR 损失值的经验概率与其预测概率 p 在统计上存在显著差异，则我们拒绝原假设；否则，我们接受原假设。

正如 Christoffersen（1998）、Dowd（2005）和 Campbell（2005）等学者所言，Kupiec（1995）的"无条件覆盖性检验"也可以表示为相应的似然比检验（Likelihood Ratio Test）的形式。假设样本的观测值的个数为 T，尾部超额损失数为 X，即超过 VaR 损失值的数量，则观测到的尾部超额损失发生的概率 $\hat{p} \equiv X/T$；我们将尾部超额损失的预测概率，即选定的显著性水平，设定为 p，则相应的似然比检验统计量可以表示为

$$LR_{uc} = 2\ln\left(\frac{\hat{p}^X (1 - \hat{p})^{T-X}}{p^X (1 - p)^{T-X}}\right)$$

在无条件覆盖性的原假设，即 $\hat{p} = p$ 的情形下，上述似然比检验统计量 LR_{uc} 服从 $\chi^2(1)$ 分布。

正如 Christoffersen（1998）和 Dowd（2005）等学者所言，Kupiec（1995）所提出的上述基本频率检验，或者无条件覆盖性检验虽然直观性强，应用简单，而且只需要样本容量、尾部超额损失发生频数和设定的预测概率等有限信息，但由于该检验可能损失掉一些有价值的信息，因而它识别坏风险测度模型的能力可能不强。这些损失掉的信息主要有两类：一是该检验过度关注样本期内的尾部超额损失发生的频率，而忽视了尾部超额损失出现的时间规律；二是忽视了风险预测模型预测到的尾部损失大小的信息。

为了弥补 Kupiec（1995）无条件覆盖性检验的缺陷，Christoffersen（1998）提出了相应的"独立性检验"（Independence Tests）的后验分析方法。该检验的核心思想是尾部超额损失事件的发生在时间上没有聚类，是独立的；如果有证据表明，尾部超额损失在时间上存在聚类，那么即使通过了 Kupiec（1995）的无条件覆盖性检验，该模型也可能是错误的。在样本容量为 N 的样本序列 R_t 中，我们定义如以下表达式所示的"碰撞序列"（Hit Sequence）：

$$I_t = \begin{cases} 1, R_t \leq VaR_t \\ \\ 0, R_t > VaR_t \end{cases}$$

因而，Christoffersen（1998）的"独立性检验"（Independence Tests）对应于检验碰撞序列 I_t 的序列独立性。换句话说，Christoffersen（1998）的"独立性检验"就是要检验在第 $t-1$ 期发生"碰撞事件"（$I_{t-1} = 1$）的情形下，第 t 期发生"碰撞事件"（$I_t = 1$）的概率 p_{11} 是否等于在第 $t-1$ 期没有发生"碰撞事件"（$I_{t-1} = 0$）的情形下，第 t 期发生"碰撞事件"（$I_t = 1$）的概率 p_{01}。

为了构建"独立性检验"的检验统计量，假设碰撞序列 I_t 服从具有如下形式概率转换矩阵的一阶马尔科夫链（First Order Markov Chain with Probability Transition Matrix）过程：

$$P = \begin{pmatrix} 1 - p_{01} & 1 - p_{11} \\ p_{01} & p_{11} \end{pmatrix}$$

其中，p_{01} 表示第 $t-1$ 期没有发生"碰撞事件"（$I_{t-1} = 0$）的情形下，第 t 期发生"碰撞事件"（$I_t = 1$）的概率；相应的 $1 - p_{01}$ 表示在第 $t - 1$ 期没有发生"碰撞事件"（$I_{t-1} = 0$）的情形下，第 t 期也没有发生"碰撞事件"（$I_t = 0$）的概率。p_{11} 表示在第 $t - 1$ 期发生"碰撞事件"（$I_{t-1} = 1$）的情形下，第 t 期发生"碰撞事件"（$I_t = 1$）的概率；相应的 $1 - p_{11}$ 表示在第 $t - 1$ 期发生"碰撞事件"（$I_{t-1} = 1$）的情形下，第 t 期没有发生"碰撞事件"（$I_t = 0$）的概率。

Christoffersen（1998）"独立性检验"相应的似然比统计量为

$$LR_{ind} = 2\ln \left(\frac{(1 - p_{01})^{T_{00}} p_{01}^{T_{01}} (1 - p_{11})^{T_{10}} p_{11}^{T_{11}}}{\hat{p}^X (1 - \hat{p})^{T-X}} \right)$$

其中，T_{ij} 表示碰撞序列 I_t 中"在第 $t - 1$ 期为状态 i 而在 t 期为状态 j"的观测值个数；由此，$p_{01} = \dfrac{T_{01}}{T_{00} + T_{01}} = \dfrac{T_{01}}{T - X}$，$p_{11} = \dfrac{T_{11}}{T_{10} + T_{11}} = \dfrac{T_{11}}{X}$，$\hat{p} = \dfrac{X}{T} = \dfrac{T_{01} + T_{11}}{T}$。

在独立性的原假设下，即 $p_{01} = p_{11}$ 的原假设下，上述似然比检验统计量 LR_{ind} 服从 $\chi^2(1)$ 分布。

Christoffersen（1998）认为，准确的 VaR 测度应该同时满足"无条件覆盖性检验"和"独立性检验"，由此，他进一步提出了相应的"条件覆盖性检验"，即正确的风险测度模型应该同时满足"无条件覆盖性检验"与"独立性检验"，相应的原假设可以表示为 $p_{01} = p_{11} = p$，其中，p 为我们事先设定的尾部超额损失的预测概率，即选定的显著性水平。Christoffersen（1998）"条件覆盖性检验"的似然比统计量为 $LR_{cc} = LR_{uc} + LR_{ind}$。在上述原假设 $p_{01} = p_{11} = p$ 正确的情形下，LR_{cc} 服从 $\chi^2(2)$ 分布。

5.2　系统性金融风险测度的后验分析：理论框架

正如前文所述，我们认为，后验分析是确保系统性金融风险和系统性金融风险贡献等风险测度准确性和应用价值的重要环节和必备步骤。据我们所知，除 Jiang（2012）、Girardi 和 Ergün（2013）外，关于系统性金融风险测度的现有文献基本没有涉及后验分析（Backtesting Analysis）。Jiang（2012）、Girardi 和 Ergün（2013）仅对系统性金融风险测度 CoVaR 进行了后验分析，而没有对系统性金融风险测度中的条件事件的临界值 VaR 进行后验分析。同时，他们在对系统性金融风险测度 CoVaR 进行后验分析中，只进行了"无条件覆盖性"

与"独立性"的后验分析，而没有进行"条件覆盖性"的后验分析。而根据 Christoffersen（1998）等学者的研究，正确的风险测度模型应该同时满足"无条件覆盖性检验"和"独立性检验"，即"条件覆盖性检验"。与 Jiang（2012）、Girardi 和 Ergün（2013）不同，我们认为，严谨的后验分析不仅需要适用于系统性金融风险测度 $CoVaR_{qt}^{s|i}$，也需要适用于系统性金融风险测度中条件事件的临界值 VaR_{qt}^{i}；而且它们应该同时满足"无条件覆盖性检验""独立性检验"和"条件覆盖性检验"。正如 Girardi 和 Ergün（2013）所言，我们能够利用广泛使用的 Kupiec（1995）和 Christoffersen（1998）检验对以 $R_t^i \leqslant VaR_{qt}^i$ 作为危机事件的系统性金融风险测度 CoVaR 进行后验分析，由此，我们在借鉴 Kupiec（1995）、Christoffersen（1998）、Campbell（2005）及 Girardi 和 Ergün（2013）等学者研究成果的基础上，构建了如下适用于 4.2 节动态系统金融风险与系统性金融风险贡献理论测度模型的严谨后验分析框架[①]。

　　假定我们整个样本包括 T_H 个观测值。针对每一个金融机构 i，我们定义如下形式的"碰撞序列"（Hit Sequence）：

$$I_t^i = \begin{cases} 1, R_t^i \leqslant -VaR_{qt}^i \\ \\ 0, R_t^i > -VaR_{qt}^i \end{cases}$$

即当金融机构 i 第 t 期的收益率 R_{qt}^i 超过相应的在险价值，即危机状态（$R_t^i \leqslant -VaR_{qt}^i$）时，碰撞序列 I_t^i 等于 1；否则，碰撞序列 I_t^i 等于 0。

　　在金融机构 i 处于危机状态（$R_t^i \leqslant -VaR_{qt}^i$），即 $I_t^i = 1$ 的子样本 N_H 中，我们进一步定义如下"条件碰撞序列"（Conditional Hit Sequence）：

$$I_t^{s|i} = \begin{cases} 1, R_t^s \leqslant -CoVaR_{qt}^{s|i} \\ \\ 0, R_t^s > -CoVaR_{qt}^{s|i} \end{cases}$$

换句话说，在金融机构 i 处于危机状态（$R_t^i \leqslant VaR_{qt}^i$）的子样本中，金融系统 s

---

　　① 遵循 Girardi 和 Ergün（2013）等相关研究的做法，我们是对系统性金融风险，即条件在险价值 CoVaR 进行后验分析，而不直接对系统性金融风险贡献 ΔCoVaR 和标准化的系统性金融风险贡献 %ΔCoVaR进行后验分析；同时，该后验分析框架不仅适用于危机状态的动态系统性金融风险 CoVaR 测度，也适用于基准状态或正常状态的动态系统性金融风险 CoVaR 测度。如果危机状态下的系统性金融风险 CoVaR 测度与基准状态下的系统性金融风险 CoVaR 测度均能通过相应的后验分析，则可在相应的置信水平下确信系统性金融风险贡献 ΔCoVaR 和标准化的系统性金融风险贡献 %ΔCoVaR 的准确性。

的收益率 R_t^s 超过相应的系统性金融风险，即 $R_t^s \leqslant -CoVaR_{qt}^{s|i}$ 时，条件碰撞序列 $I_t^{|i}$ 等于 1；否则，条件碰撞序列 $I_t^{|i}$ 等于 0。

为了后续后验分析表述的方便，我们令条件撞击序列 $I_t^{|i}$ 的样本容量为 T_{CH}；其中，$I_t^{|i} = 1$ 的子样本容量为 N_{CH}。显然，金融机构 i 处于危机状态的子样本容量与条件碰撞序列的全样本容量相等，即 $N_H = T_{CH}$ [①]。

根据 Kupiec（1995）、Christoffersen（1998）和 Campbell（2005）等学者的研究成果，我们认为，在 4.2 节动态系统性金融风险测度 CoVaR 建模准确的情况下，碰撞序列 I_t^i 和条件碰撞序列 $I_t^{|i}$ 应该分别满足无条件覆盖性、独立性和条件覆盖性等三个后验分析检验；同时，碰撞序列 I_t^i 和条件碰撞序列 $I_t^{|i}$ 之间应该满足"混合独立性"。

假设 1：在动态系统性风险测度 CoVaR 准确的情况下，碰撞序列 I_t^i 和条件碰撞序列 $I_t^{|i}$ 分别满足无条件覆盖性（Unconditional Coverage Property，UC）。

检验假设 1 的原假设可以分别表示为

$$H_{0H}:E(I_t^i) \equiv p_H = q \quad 和 \quad H_{0CH}:E(I_t^{s|i}) \equiv p_{CH} = q$$

即碰撞序列 I_t^i 和条件碰撞序列 $I_t^{|i}$ 的均值等于尾部超额损失的预测概率 q，即我们事先设定的显著性水平。

类似于 Kupiec（1995），我们利用似然比检验（Likelihood Ratio Test）来检验上述原假设。在 H_{0H} 和 H_{0CH} 条件下，相应的似然比统计量满足：

$$LR_{uc}^j = 2\ln\left(\frac{(N_j/T_j)^{N_j}(1-N_j/T_j)^{T_j-N_j}}{q^{N_j}(1-q)^{T_j-N_j}}\right)(j=H,CH) \sim \chi^2 \quad (5-1)$$

假设 2：在动态系统性风险测度 CoVaR 准确的情况下，碰撞序列 I_t^i 和条件碰撞序列 $I_t^{|i}$ 分别满足独立性（Independence Property，IND）。

所谓的独立性是指碰撞事件 $I_t^i = 1$ 和条件碰撞事件 $I_t^{|i} = 1$ 的发生在时间上没有聚类，是独立的，即碰撞事件 $I_t^i = 1$ 和条件碰撞事件 $I_t^{|i} = 1$ 在第 t 期发生的概率与碰撞事件 $I_t^i = 1$ 和条件碰撞事件 $I_t^{s|i} = 1$ 在第 $t-1$ 期发生与否没有关系。

为了构建该独立性假设的检验统计量，我们借鉴 Christoffersen（1998）的做法，假设碰撞序列 I_t^i 和条件碰撞序列 $I_t^{|i}$ 服从具有如下形式概率转换矩阵的一阶马尔科夫链（First Order Markov Chain with Probability Transition Matrix）

---

① 在该后验分析部分，上标或下标 H 和 CH 分别对应碰撞序列和条件碰撞序列相应样本观测值的频数。

过程：

$$P_T^j = \begin{pmatrix} 1 - p_{01}^j & 1 - p_{11}^j \\ p_{01}^j & p_{11}^j \end{pmatrix} (j = H, CH)$$

其中，p_{01}^j 表示在第 $t-1$ 期没有发生碰撞事件（$j = H$ 且 $I_{t-1}^i = 0$）或没有发生条件碰撞事件（$j = CH$ 且 $I_{t-1}^{s|i} = 0$）的情况下，第 t 期发生碰撞事件或条件碰撞事件的概率；p_{11}^j 表示在第 $t-1$ 期发生碰撞事件（$j = H$ 且 $I_{t-1}^i = 1$）或条件碰撞事件（$j = CH$ 且 $I_{t-1}^{s|i} = 1$）发生的情况下，第 t 期发生碰撞事件或条件碰撞事件的概率。

在碰撞序列 I_t^i 和条件碰撞序列 $I_t^{s|i}$ 服从具有上述概率转换矩阵的一阶马尔科夫链的情形下，我们可以将独立性的原假设表示为

$$H_{0H} : p_{01}^H = p_{11}^H \quad \text{和} \quad H_{0CH} : p_{01}^{CH} = p_{11}^{CH}$$

根据 Christoffersen（1998），我们可以利用似然比检验来检验上述独立性的原假设，其相应的似然比统计量满足：

$$LR_{ind}^j = 2\ln\left(\frac{(1 - p_{01}^j)^{T_{00}^j} (p_{01}^j)^{T_{01}^j} (1 - p_{11}^j)^{T_{10}^j} (p_{11}^j)^{T_{11}^j}}{(N_j/T_j)^{N_j} (1 - N_j/T_j)^{T_j - N_j}} \right) (j = H, CH) \sim \chi^2$$

$$(5 - 2)$$

其中，$p_{01}^j = T_{01}^j/(T_{00}^j + T_{01}^j)$；$p_{11}^j = T_{11}^j/(T_{10}^j + T_{11}^j)$；$T_{01}^j$ 表示在第 $t-1$ 期没有发生碰撞事件（$j = H$ 且 $I_{t-1}^i = 0$）或没有发生条件碰撞事件（$j = CH$ 且 $I_{t-1}^{s|i} = 0$）的情况下，第 t 期发生碰撞事件（$j = H$ 且 $I_t^i = 1$）或发生条件碰撞事件（$j = CH$ 且 $I_t^{s|i} = 1$）的频数；T_{00}^j、T_{10}^j 和 T_{11}^j 的含义依此类推。

假设 3：在动态系统性风险测度 CoVaR 准确的情况下，碰撞序列 I_t^i 和条件碰撞序列 $I_t^{s|i}$ 分别同时满足无条件覆盖性和独立性，即条件覆盖性（Conditional Coverage Property，CC）。

Christoffersen（1998）认为，正确的 VaR 风险测度模型应该同时满足"无条件覆盖性检验"与"独立性检验"，即"条件覆盖性"。由此，我们认为，在 4.2 节动态系统性金融风险测度 CoVaR 准确的情况下，相应的碰撞序列 $I_t^i = 1$ 和条件碰撞事件 $I_t^{s|i} = 1$ 应该分别同时满足条件覆盖性，其相应的原假设可以分别表述为

$$H_{0H} : E(I_t^i) \equiv p_H = q = p_{01}^H = p_{11}^H \text{ 和 } H_{0CH} : E(I_t^{s|i}) \equiv p_{CH} = q = p_{01}^{CH} = p_{11}^{CH}$$

在该原假设下，相应的似然比统计量满足

$$LR_{cc}^j = LR_{uc}^j + LR_{ind}^j (j = H, CH) \sim \chi^2 \qquad (5 - 3)$$

假设 4：在动态系统性金融风险测度 CoVaR 准确的情况下，碰撞序列 I_t^i 和

条件碰撞序列 $I_t^{\,|\,i}$ 满足混合独立性（Cross Independence Property，混合 IND），即第 t 期是否发生条件碰撞事件（$I_t^{\,|\,i} = 1$）与第 $t-1$ 期是否发生碰撞事件（I_{t-1}^i $= 1$）是独立的。

我们定义如下形式的一阶马尔科夫链转换概率矩阵

$$P_T = \begin{pmatrix} 1 - p_{01} & 1 - p_{11} \\ p_{01} & p_{11} \end{pmatrix}$$

其中，p_{01} 表示在第 $t-1$ 期没有碰撞事件（$I_{t-1}^i = 0$）发生的情况下，第 t 期发生条件碰撞事件（$I_t^{\,|\,i} = 1$）的概率；p_{11} 表示在第 $t-1$ 期发生碰撞事件（$I_{t-1}^i = 1$）的情况下，第 t 期发生条件碰撞事件（$I_t^{\,|\,i} = 1$）的概率。因此，我们能够将碰撞序列 I_t^i 和条件碰撞序列 $I_t^{\,|\,i}$ 混合独立性的原假设表示为：$H_0 : p_{01} = p_{11}$。

我们利用似然比检验来检验该混合独立性的原假设，相应的似然比统计量满足：

$$LR_{c\_ind} = 2\ln\left(\frac{(1 - p_{01})^{T_{00}} (p_{01})^{T_{01}} (1 - p_{11})^{T_{10}} (p_{11})^{T_{11}}}{(N_{CH}/T_{CH})^{N_{CH}} (1 - N_{CH}/T_{CH})^{T_{CH} - N_{CH}}} \right) \sim \chi^2 (5 - 4)$$

其中，$p_{01} = T_{01}/(T_{00} + T_{01})$；$p_{11} = T_{11}/(T_{10} + T_{11})$；$T_{00}$ 表示在第 $t-1$ 期没有发生碰撞事件（$I_{t-1}^i = 0$）的情况下，第 t 期没有发生条件碰撞事件（$I_t^{\,|\,i} = 0$）的频数；T_{01}、T_{10} 和 T_{11} 的含义依此类推。

5.3　基于中国银行业系统性金融风险测度结果的实证分析

该部分以上述构建的动态系统性金融风险 CoVaR 测度的后验分析理论框架来对 4.3 节中国 14 家上市商业银行动态系统性金融风险测度结果进行后验实证分析，以验证 4.2 节构建的动态系统性金融风险与系统性金融风险贡献测度模型的准确性与应用价值。

首先，我们以中国工商银行、中国银行、中国民生银行和北京银行等代表银行为例，来考察它们危机状态下的动态系统性金融风险测度的后验分析图[①]。图 5-1（a）（b）至图 5-4（a）（b）分别是这四家代表性银行股价收

[①]　其他 12 家上市商业银行动态系统性金融风险测度的后验分析图的特征与中国工商银行和中国银行两个全球系统重要性银行系统性金融风险测度的后验分析图的特征相似。

益率与在险价值 VaR 的动态演化和它们危机状态的系统性金融风险 CoVaR 与银行指数收益率的动态演化，我们没有发现后验预分析中需要关注的异常现象，因而，我们采用 5.2 节构建的动态系统性金融风险 CoVaR 测度的理论后验分析框架，来实证考察中国 14 家上市商业银行的动态系统性金融风险 CoVaR 测度结果对"无条件覆盖性"、"独立性"、"条件覆盖性"和"混合独立性"四个后验分析检验的满足程度。

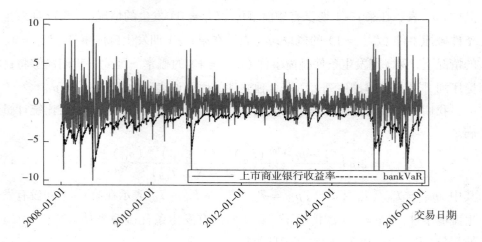

图 5 - 1（a）　中国工商银行股价收益率与在险价值 VaR 的动态演化图

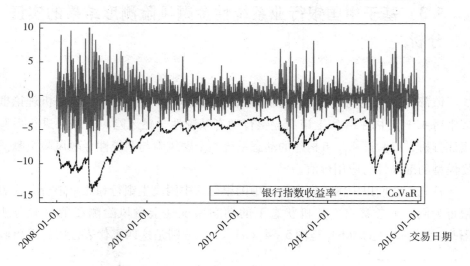

图 5 - 1（b）　中国工商银行危机状态的 CoVaR 与银行指数收益率的动态演化图

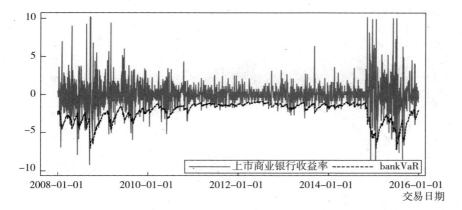

图 5 – 2（a） 中国银行股价收益率与在险价值 VaR 的动态演化图

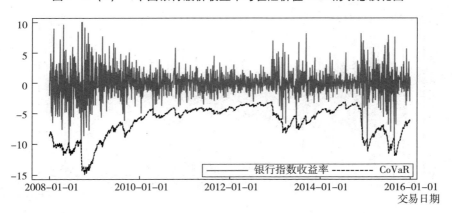

图 5 – 2（b） 中国银行危机状态的 CoVaR 与银行指数收益率的动态演化图

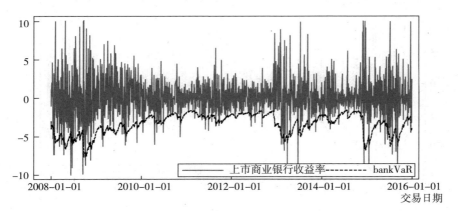

图 5 – 3（a） 中国民生银行股价收益率与在险价值 VaR 的动态演化图

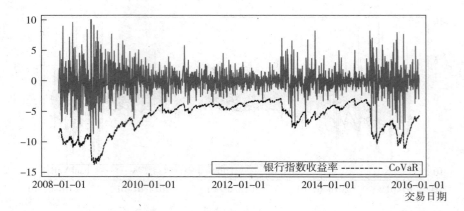

图 5 - 3 （b） 中国民生银行危机状态的 CoVaR 与银行指数收益率的动态演化图

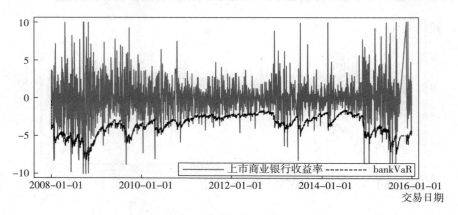

图 5 - 4 （a） 北京银行股价收益率与在险价值 VaR 的动态演化图

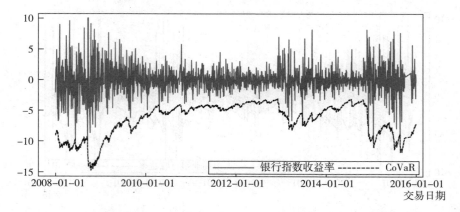

图 5 - 4 （b） 北京银行危机状态的 CoVaR 与银行指数收益率的动态演化图

表 5 - 1 和表 5 - 2 分别是危机状态的系统性金融风险测度 CoVaR 在样本内和样本外预测区间的后验分析结果。在 5% 的显著性水平下，所有上市商业银行的碰撞序列和条件碰撞序列在样本内均不能拒绝"无条件覆盖性""独立性""条件覆盖性"和"混合独立性"的后验分析假设。这表明，在样本内 14 家中国上市商业银行危机状态下的动态系统性金融风险测度 CoVaR 均有效满足了后验分析的统计性质。在样本外预测区间，除招商银行、华夏银行、中信银行和宁波银行外，其余 10 家中国上市商业银行动态系统性金融风险测度 CoVaR 的碰撞序列和条件碰撞序列在 5% 的显著性水平下也均不能拒绝"无条件覆盖性""独立性""条件覆盖性"和"混合独立性"的后验分析假设。这表明，在样本外预测区间，这 10 家中国上市商业银行的动态系统性金融风险测度 CoVaR 同样有效满足了后验分析的统计性质。需要特别指出的是，在 5% 的显著性水平下，中信银行和宁波银行系统性金融风险测度 CoVaR 的碰撞序列部分地拒绝了后验分析的原假设，但它们的条件碰撞序列仍然未能拒绝"无条件覆盖性""独立性"和"条件覆盖性"三个后验分析假设；同时，它们碰撞序列与条件碰撞序列的混合独立性假设也未能被拒绝。这表明，在系统性金融风险测度 CoVaR 的后验分析中，如果仅仅对 CoVaR 的"条件碰撞序列"进行后验分析，而不对 CoVaR 的"碰撞序列"，即条件事件临界值 VaR 的碰撞序列，进行后验分析，可能会导致错误的结论。这验证和说明了我们构建的后验分析工具的正确性。

表 5 - 1　　　　危机状态 CoVaR 后验分析结果（p 值）：样本内

银行	碰撞序列			条件碰撞序列			混合
	UC	IND	CC	UC	IND	CC	IND
中国银行	1	0.732	0.943	0.759	0.607	0.836	0.607
工商银行	0.99	0.335	0.628	0.81	0.489	0.765	0.628
建设银行	0.995	0.46	0.761	0.759	0.607	0.836	0.165
交通银行	0.995	0.734	0.944	0.81	0.489	0.765	0.551
平安银行	0.965	0.104	0.267	0.82	0.599	0.849	0.763
浦发银行	0.995	0.828	0.977	0.759	0.607	0.836	0.551
招商银行	0.971	0.834	0.978	0.759	0.607	0.836	0.551
民生银行	0.995	0.091	0.24	0.81	0.489	0.765	0.355
华夏银行	0.971	0.223	0.476	0.759	0.607	0.836	0.503
兴业银行	0.99	0.73	0.942	0.81	0.489	0.765	0.551

续表

银行	碰撞序列			条件碰撞序列			混合
	UC	IND	CC	UC	IND	CC	IND
中信银行	0.986	0.222	0.474	0.81	0.489	0.765	0.394
宁波银行	0.99	0.825	0.976	0.759	0.607	0.836	0.124
南京银行	0.986	0.824	0.975	0.759	0.607	0.836	0.124
北京银行	0.995	0.734	0.944	0.759	0.607	0.836	0.607

表5-2　危机状态 CoVaR 后验分析结果（p 值）：样本外预测区间

银行	碰撞序列			条件碰撞序列			混合
	UC	IND	CC	UC	IND	CC	IND
中国银行	0.769	0.932	0.954	0.121	0.338	0.19	0.584
工商银行	0.346	0.191	0.273	0.081	0.403	0.154	0.998
建设银行	0.47	0.062	0.136	0.094	0.379	0.167	0.379
交通银行	0.105	0.129	0.085	0.243	0.149	0.179	0.449
平安银行	0.351	0.245	0.329	0.081	0.403	0.154	0.393
浦发银行	0.214	0.233	0.227	0.059	0.462	0.128	0.999
招商银行	0.005	0.434	0.015	0.015	0.231	0.026	0.999
民生银行	0.346	0.244	0.325	0.081	0.403	0.154	0.393
华夏银行	0.036	0.474	0.086	0.033	0.198	0.045	0.478
兴业银行	0.47	0.917	0.766	0.094	0.302	0.144	0.563
中信银行	0.357	0.047	0.092	0.081	0.403	0.154	0.287
宁波银行	0.942	0.004	0.017	0.137	0.342	0.21	0.617
南京银行	0.508	0.065	0.146	0.094	0.379	0.167	0.302
北京银行	0.401	0.814	0.684	0.07	0.431	0.141	0.54

6. 中国银行业系统性金融风险的
宏观审慎分析

第 5 章的后续分析结果间接地验证了基于危机状态的动态系统性金融风险 CoVaR 测度与基准状态的动态系统性金融风险 CoVaR 测度之差测算的中国上市商业银行动态系统性金融风险贡献的准确性与应用价值。该部分拟利用第四章中国 14 家上市商业银行在样本内的动态系统性金融风险贡献 $\Delta CoVaR_{qt}^{s\,|\,i}$ 的测度结果来考察中国银行业系统性金融风险贡献的动态特征及其系统性金融风险贡献的影响因素。

6.1　中国上市商业银行系统性金融风险贡献的描述统计

我们首先考察中国上市商业银行系统性金融风险贡献的动态演化图。图 6－1是北京银行、中国工商银行、民生银行和中国银行等代表性上市商业银行系统性金融风险贡献的动态演化图①。我们发现，这 14 家上市商业银行在 2008 年国际金融危机、2013 年 6 月中国"钱荒"和 2015 年 6 月中国"股灾"等典型系统性金融风险事件期间的系统性金融风险贡献要明显高于其他样本期间。

我们利用简单平均的方法将第四章 14 家中国上市商业银行系统性金融风险贡献的日频率测度结果转化为对应上市商业银行的年度系统性金融风险贡献。表 6－1 是这 14 家上市商业银行年度系统性金融风险贡献 $\Delta CoVaR$ 在整个样本期间和分阶段样本期间的描述统计结果。整个样本期间，14 家中国上市商业银行的系统性金融风险贡献 $\Delta CoVaR$ 的均值为 2.448，标准差为 0.951。

---

①　其他 10 家上市商业银行系统性金融风险贡献 $\Delta CoVaR$ 的动态演化图与这些代表性上市商业银行系统性金融风险贡献 $\Delta CoVaR$ 的动态演化图类似。

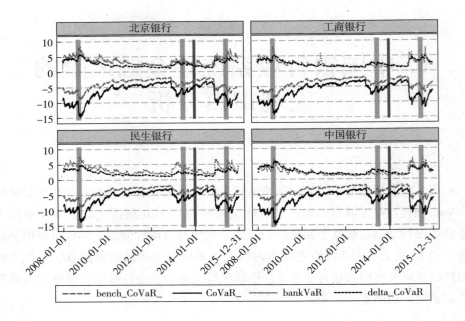

注：阴影区域分别对应国际金融危机、"钱荒"和"股灾"的爆发时点；下标"_"表示相应测度的相反数。

图 6 – 1　代表性银行系统性金融风险贡献测度 ΔCoVaR 的动态演化图

从分阶段样本看，2008—2009 年国际金融危机期间，中国 14 家上市商业银行系统性金融风险贡献 ΔCoVaR 的均值为 3. 613，标准差为 0. 695；2010—2012 年经济复苏阶段，中国 14 家上市商业银行系统性金融风险贡献的均值为 1. 660，标准差为 0. 256；2012 年以后，中国上市商业银行的系统性金融风险贡献的均值为 1. 804，标准差为 0. 428。根据上述分阶段样本的描述统计结果，我们可以得出如下两个结论：一是国际金融危机后，受"四万亿"经济刺激计划的影响，中国 14 家上市商业银行的系统性金融风险贡献逐渐下降；在经济复苏阶段，这 14 家上市商业银行的系统性金融风险贡献达到样本期间的最低点，并在 2012 年以后它们的系统性金融风险贡献逐渐开始反弹。二是在银行业系统性金融风险比较低的时期，14 家上市商业银行的系统性金融贡献的差异相对较小；而在银行业系统性金融风险比较高的时期，14 家上市商业银行的系统性金融风险贡献的差异相对较高，即比较发散。

表6—1　　中国14家上市商业银行系统性金融风险贡献的描述统计

样本区间	样本数	均值	标准差	最小值	最大值
2008—2015 年	112	2.448	0.951	1.183	4.561
2008—2009 年	28	3.613	0.695	2.536	4.561
2010—2012 年	42	1.66	0.249	1.183	2.072
2013—2015 年	42	1.804	0.428	1.183	2.54

图6-2是中国工商银行和中国银行等14家上市商业银行的年度系统性金融风险贡献的动态演化图。这14家上市商业银行的系统性金融风险贡献呈现的"U"形特征及其样本线条之间间距的变化进一步验证了我们上述的两点结论。显然，这14家上市商业银行系统性金融风险贡献动态演化的"U"形特征在一定程度上正确勾勒了样本期间中国银行业系统性金融风险的整体特征：受2008年国际金融危机的影响，中国银行业的系统性金融风险非常高，在整个样本期间居于高位状态；在"四万亿"经济刺激计划的影响下，中国银行业的系统性金融风险快速下降；随着经济的复苏，中国银行业的系统性金融风险达到样本期间的最低点，并在2012年后开始持续反弹。

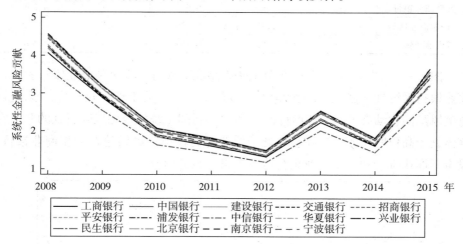

图6-2　中国14家上市商业银行系统性金融风险贡献的动态演化图

根据中国银行业监督管理委员会的统计标准，这14家中国上市商业银行包括大型商业银行、股份制商业银行和城市商业银行三个类别①。表6-2是

---

① 中国工商银行、中国银行、中国建设银行和交通银行等4家上市商业银行属于大型商业银行；招商银行、平安银行、浦发银行、中信银行、华夏银行、兴业银行和民生银行等7家上市商业银行属于股份制商业银行；北京银行、南京银行和宁波银行等3家银行属于城市商业银行。

这14家中国上市商业银行系统性金融风险贡献按银行类别分类的描述统计结果。大型商业银行系统性金融风险贡献的均值是2.507，标准差是0.987；股份制商业银行系统性金融风险贡献的均值是2.375，标准差是0.925；城市商业银行系统性金融风险贡献的均值是2.538，标准差是0.989。显然，这三类上市商业银行中，整体而言，城市商业银行的系统性金融风险贡献最大，内部不同上市商业银行之间的系统性金融风险贡献差异也最大；股份制商业银行的系统性金融风险贡献与其贡献的内部差异最小；而大型商业银行的系统性金融风险与其贡献的内部差异居于城市商业银行和股份制商业银行之间。这在一定程度上表明，这14家中国上市商业银行的系统性金融风险贡献与其银行规模并不存在一一对应的关系。这表明巴塞尔委员会和金融稳定理事会（FSB）等国际组织除"规模"外，还依据关联性、可替代性、复杂性和跨境业务等多个综合指标来评估和识别全球系统重要性银行的做法具有一定的合理性。

表6-2 中国14家上市商业银行系统性金融风险贡献的分类别描述统计

类别	观测值数	均值	标准差	最小值	最大值
大型商业银行	32	2.507	0.987	1.326	4.539
股份制商业银行	56	2.375	0.925	1.183	4.512
城市商业银行	24	2.538	0.989	1.36	4.561

图6-3、图6-4、图6-5分别是大型商业银行、股份制商业银行和城市商业银行系统性金融风险贡献的动态演化图。显然关于整个银行业"系统性金融风险演化动态的'U'形特征"和"银行间系统性金融风险贡献的差异在整体处于高位时比较大，在整体处于低位时比较小"的结论在大型商业银行、股份制商业银行和城市商业银行这三个银行类型均成立。

图6-3 中国大型上市商业银行系统性金融风险贡献的动态演化图

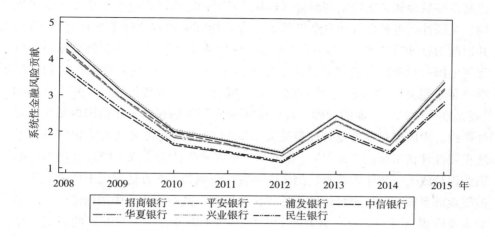

图6-4　中国股份制上市商业银行系统性金融风险贡献的动态演化图

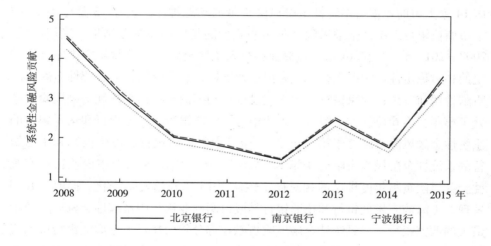

图6-5　中国城市上市商业银行系统性金融风险贡献的动态演化图

6.2　中国上市商业银行系统性金融风险贡献的动态排序

正如前文所言,《巴塞尔协议Ⅲ》的资本监管部分,最能体现"宏观审慎监管"理念的是"系统性资本附加"和"逆周期资本缓冲"。关于"系统性资本附加"的计提方法,理论界和金融监管当局诸多学者进行了大量的探讨。

巴塞尔委员会和金融稳定理事会（FSB）等国际组织以跨境业务程度、资产规模、关联性、可替代性和复杂性等 5 个综合指标来确定全球系统重要性银行，并以此为标准对其实施 1%～2.5% 的系统性资本附加的额外监管要求。2011 年底中国银行业监督管理委员会发布的《关于国内系统重要性银行的划分标准（征求意见稿）》规定，中国将采用"规模""不可替代性""关联度"和"复杂性"等四个方面的指标，每个指标赋予 25% 的权重来评估国内系统重要性银行。中国银行业监督管理委员会于 2014 年 1 月发布的《商业银行全球系统重要性评估指标披露指引》，要求上一年度被确认为全球系统重要性银行的商业银行或上一年年末调整后的表内外资产余额为 1.6 万亿元以上的商业银行披露全球系统重要性银行评估指标的相关信息。截至目前，中国尚未就国内系统重要性银行（Domestic Systemically Important Banks，D‒SIBs）的识别和信息披露出台正式的相关文件。

　　该部分，我们尝试以第四章动态系统性金融风险贡献的测度结果来考察中国 14 家上市商业银行系统性金融风险贡献的动态排序。表 6‒3 是中国 14 家上市商业银行系统性金融风险贡献由高到低的年度动态排序结果。我们发现，2008—2014 年，中国 14 家上市商业银行系统性金融风险贡献年度排序具有一定的相对稳定性：中国银行、上海浦东发展银行和南京银行的系统性金融风险贡献稳居前三位；北京银行、中国建设银行和招商银行的系统性金融风险贡献处于第 4 至第 6 位；平安银行、兴业银行、宁波银行、交通银行和华夏银行的系统性金融风险贡献处于第 7 至第 11 位；中国工商银行、民生银行和中信银行的系统性金融风险贡献处于第 12 至第 14 位。中国 14 家上市商业银行系统性金融风险贡献年度排序的相对稳定性从 2015 年开始发生变化。同时，我们发现，上海浦东发展银行和招商银行是股份制商业银行中系统性金融风险贡献最大的两家银行，其系统性金融风险贡献在部分年份超过大型商业银行中的交通银行。北京银行和南京银行是城市商业银行中系统性金融风险贡献最大的两家银行，其系统性金融风险贡献均超过股份制商业银行的兴业银行、平安银行、华夏银行、中信银行和中国民生银行。这表明，银行等金融机构的系统性金融风险贡献与其资产规模并非简单的对应关系。当利用指标法来评估银行等金融机构的系统重要性或系统性金融风险贡献时，除了采用规模因素外，还需要考虑其他因素对银行等金融机构系统重要性或系统性金融风险贡献的影响。

表 6-3　中国 14 家上市商业银行系统性金融风险贡献的年度动态排序

序号	2008 年	2009 年	2010 年	2011 年	2012 年	2013 年	2014 年	2015 年
1	南京银行	中国银行	中国银行	中国银行	中国银行	中国银行	中国银行	交通银行
2	中国银行	浦发银行	浦发银行	南京银行	南京银行	南京银行	南京银行	工商银行
3	浦发银行	南京银行	南京银行	浦发银行	浦发银行	浦发银行	浦发银行	北京银行
4	北京银行	招商银行	北京银行	北京银行	北京银行	北京银行	北京银行	中国银行
5	建设银行	北京银行	招商银行	招商银行	建设银行	招商银行	建设银行	浦发银行
6	招商银行	建设银行	建设银行	建设银行	招商银行	建设银行	招商银行	南京银行
7	平安银行	宁波银行	平安银行	平安银行	兴业银行	平安银行	平安银行	建设银行
8	兴业银行	平安银行	兴业银行	华夏银行	华夏银行	兴业银行	华夏银行	招商银行
9	宁波银行	华夏银行	宁波银行	兴业银行	平安银行	宁波银行	兴业银行	平安银行
10	交通银行	兴业银行	交通银行	交通银行	宁波银行	华夏银行	宁波银行	兴业银行
11	华夏银行	交通银行	华夏银行	宁波银行	交通银行	交通银行	交通银行	宁波银行
12	工商银行	工商银行	工商银行	工商银行	工商银行	工商银行	工商银行	华夏银行
13	民生银行	民生银行	民生银行	民生银行	民生银行	民生银行	民生银行	民生银行
14	中信银行	中信银行	中信银行	中信银行	中信银行	中信银行	中信银行	中信银行

6.3　中国上市商业银行系统性金融风险贡献的影响因素分析

该部分我们以第四章中国 14 家上市商业银行在 5% 显著性水平下测度的系统性金融风险贡献的年度平均值作为被解释变量来考察中国上市商业银行系统性金融风险贡献的影响因素，以期为金融监管当局进行系统重要性银行识别等宏观审慎监管实践提供相应的经验证据和决策参考。

6.3.1　解释变量的选取与定义

为了考察中国上市商业银行系统性金融风险贡献的影响因素，本书拟从银行个体特征和宏观经济两个方面选择如下解释变量。

1. 银行规模。诸多学者认为银行的规模与其系统性金融风险贡献存在较强的相关关系[①]。一方面，规模较大的银行在通过业务多元化分散个体风险的

① 前文的描述统计结果也在一定程度上支持了这一结论。

同时，它的业务复杂性及其与其他金融机构的关联性也可能在提高，进而导致其系统性金融风险贡献的增加；另一方面，规模较大的银行可能由于受到"太大而不能倒"的隐性担保往往倾向于从事高风险的业务，进行高风险的资产配置，从而增加其系统性金融风险贡献。本书拟采用银行总资产的对数来表示银行规模。

2. 银行VaR。诸多学者通过研究认为，自身风险较大的银行往往具有较高的系统性金融风险贡献。第四章上市商业银行在险价值VaR及其系统性金融风险贡献ΔCoVaR的动态演化图也在一定程度上证实了这一点。本书利用第四章上市商业银行在5%显著性水平下自身的在险价值VaR测度结果的年度平均值来表示。

3. 融资稳定性。稳定的融资来源可以在一定程度上降低银行对银行间同业拆借市场等货币市场的融资依赖性，从而降低银行等金融机构通过银行间同业拆借市场等货币市场对其他银行等金融机构的风险暴露和货币市场等批发融资市场冲击对银行等金融机构稳定性的影响。我们借鉴朱波和卢露（2014）等学者的做法，采用存款比率作为银行融资稳定性的衡量指标。所谓的存款比率是指银行所吸收的存款在其总负债中的比重。

4. 资产结构。贷款比率是指银行发放的贷款在其总资产中的比重。它是衡量银行资产结构的常用指标，可以在一定程度上反映其业务复杂性的高低。一般而言，银行的贷款比率越高，其业务复杂性越低，其相应的系统性金融风险贡献就越低。负债权益比是衡量银行资产结构的另一指标，同时，它也是反映银行杠杆率的重要指标。通常而言，银行的负债权益比越高，其系统性金融风险贡献越大。

5. 非利息收入占比。所谓的非利息收入占比是指银行非利息收入在营业收入中的比重。一般而言，它反映了银行参与非传统业务程度的高低。银行参与非传统业务的程度越高，其通过金融市场与其他银行等金融机构的关联程度就越高，系统性金融风险贡献就越大。Brunnermeier等（2012）认为，非利息收入占比与银行的系统性金融风险贡献呈正相关关系。张晓玫和毛亚琪（2014）认为，非利息收入占比与银行系统性金融风险的关系具有阶段性特征：在非利息收入业务发展初期，由于非利息收入业务对宏观经济状况的依赖程度比较低，其往往能降低银行的系统性金融风险贡献；而随着非利息收入业务的发展，尤其是手续费和佣金收入业务比重较低的阶段，银行的非利息收入占比逐渐增大，其系统性金融风险贡献也随着增加。他们通过实证研究发现，非利息收入占比与中国银行业的系统性金融风险贡献呈负相关。

6. 期限错配。一般而言，银行的系统性金融风险贡献与其期限错配程度成正比。本书利用银行的存款负债与银行持有的库存现金之差与其负债的比率来衡量银行期限错配的程度。

7. 其他银行特征变量。除了上述银行个体特征变量外，我们还选取了银行市值与账面价值之比、不良贷款率、资产收益率和资本充足率等四个变量作为相应的控制变量。银行的贷款质量常用不良贷款率来衡量。通常而言，银行贷款质量越高的银行，其系统性金融风险贡献越小。资产收益率是衡量银行盈利能力的重要指标。所谓的资本充足率是银行的资本对其加权风险资产的比值，它反映银行能以自有资本承担损失的能力。

8. GDP 增长率。诸多研究表明，宏观经济周期往往会影响银行等金融机构的系统性金融风险贡献。本章描述统计部分对中国 14 家上市商业银行系统性金融风险贡献 "U" 形特征的考察在一定程度上予以了印证。本书拟采用GDP 增长率来反映宏观经济周期的变化。

9. 国房景气指数。正如第三章整体态势分析所言，中国银行业的系统性金融风险与房地产业的发展态势存在着密切的相关关系。因而，本书拟用国房景气指数①来捕捉中国房地产业的发展态势对中国 14 家上市商业银行系统性金融风险贡献的影响。

10. 市场流动性。正如第二章文献综述部分所言，流动性风险在银行系统性金融风险的生成过程中占据核心地位。通常而言，银行的流动性风险与市场流动性呈负向相关关系：在市场流动性非常高的情形下，银行面临的流动性风险相对较小；在市场流动性趋紧的情形下，银行面临的流动性风险相对较大。基于数据的可得性，本书拟采用上海银行间市场隔夜同业拆借利率与基准存款利率之差来衡量市场流动性，以捕捉其对中国 14 家上市商业银行系统性金融风险贡献的影响。

6.3.2　实证模型的设定

基于被解释变量与解释变量的上述分析，我们拟设定如下形式的面板数据模型来考察中国 14 家上市商业银行系统性金融风险贡献的影响因素：

---

① 国房景气指数是 "全国房地产开发业综合景气指数" 的简称，是国家统计局在 1997 年研制并建立的一套针对房地产业发展变化趋势和变化程度的综合量化反映的指标体系。它是由 8 个分类指数合成的综合指数。国房景气指数以 100 为临界值，指数值高于 100 为景气区间，指数值低于 100 为不景气区间。

$$\Delta CoVaR_{it} = c + VaR_{it} + asset_{it} + deposit_{it} + loan_{it} + de_{it} + nii_{it} +$$

$$mismatch_{it} + mb_{it} + npl_{it} + roa_{it} + car_{it} + gdp_{it} + \qquad (6-1)$$

$$house_{it} + liquidity_{it} + u_{it}$$

其中，$u_{it} = \lambda_i + \varepsilon_{it}$，$\lambda_i$ 表示个体固定效应，用于捕捉各上市商业银行潜在的不可观测的异质性；其余变量的含义、计算方法及其系数的预期理论符号如表 6-4 所示。

表 6-4　　　　　变量的含义、计算方法与估计系数的预期符号

变量	含义	计算方法	预期符号
$\Delta CoVaR$	系统性金融风险贡献	年度平均值	—
VaR	银行在险价值	年度平均值	正
$asset$	银行规模	银行总资产的对数	正
$deposit$	存款比率	银行所吸收的存款在其总负债中的比重	负
$loan$	贷款比率	银行发放的贷款在其总资产中的比重	负
de	负债权益比	银行负债与所有者权益的比值	正
nii	非利息收入占比	非利息收入与总营业收入的比值	正/负
$mismatch$	期限错配	银行的存款负债与持有的库存现金之差与其负债的比值	正
mb	市账比	银行的股市市值与账面价值之比	负
npl	不良贷款率	不良贷款与总贷款的比值	正
roa	资产收益率	银行净利润与其资产的比值	负
car	资本充足率	银行的资本与其加权风险资产的比值	负
gdp	GDP 增长率	中宏数据库直接获得	负
$house$	国房景气指数	中宏数据库直接获得	负
$liquidity$	市场流动性	上海银行间同业拆借年利率与基准利率之差的年度均值	正

6.3.3　数据来源与描述统计

14 家上市商业银行的系统性金融风险贡献 $\Delta CoVaR$ 及其在险价值 VaR 是根据第四章动态系统性金融风险测度的日度数据通过简单平均方法计算得到的。关于银行个体特征的其余变量，如资产规模、不良贷款率等相关银行财务和股市交易数据来源于国泰安 CSMAR 数据库。GDP 增长率、国房景气指数和基准利率等宏观经济变量来源于中宏数据库。上海银行间同业拆借利率来源于上海银行间同业拆放利率网站（http：//www.shibor.org/shibor/web/html/index.html）。所有变量的描述统计如表 6-5 所示。

表 6 - 5　　　　系统性金融风险贡献影响因素分析的变量描述统计

变量	样本数	均值	方差	最小值	最大值
$\Delta CoVaR$	112	2.448	0.951	1.183	4.561
$bankVaR$	112	3.415	1.322	1.181	6.936
$lnasset$	112	28.502	1.275	25.263	30.732
$deposit$	112	0.744	0.090	0.499	0.901
$loan$	112	0.483	0.070	0.295	0.613
de	112	15.946	3.774	7.259	30.400
nii	112	0.188	0.069	0.070	0.390
$mismatch$	112	0.600	0.078	0.415	0.764
mb	112	0.072	0.043	0.003	0.268
npl	112	1.036	0.403	0.380	2.650
roa	112	3.366	0.553	2.190	4.840
car	112	12.366	2.065	8.580	24.120
gdp	112	8.638	1.249	6.900	10.600
$house$	112	98.445	3.700	93.129	104.369
$liquidity$	112	1.127	0.749	-0.203	1.984

6.3.4　实证分析

我们首先同时利用固定效应模型和随机效应模型分别估计如式（6-1）所示的面板数据模型，参数估计结果分别如表 6-6 中的"模型 1"和"模型 2"所示。我们使用豪斯曼检验（Hausman Test）来检验固定效应模型和随机效应模型的合适性。检验结果表明，我们不能拒绝"随机效应估计量是一致的"的原假设，因而我们选择以"模型 2"所示的随机效应模型为基础来进行后续实证分析。通过逐步剔除参数估计系数与理论预期相悖及其不显著的变量，我们最终得到如表 6-6"模型 3"所示的随机效应模型的估计结果。为了保证结果的稳健性，我们进一步考虑相应的动态面板数据模型，即在"模型 3"的基础上考虑上市商业银行上一期系统性金融风险贡献对当期系统性金融风险贡献的影响，具体的动态面板数据模型如式（6-2）所示：

$$\Delta CoVaR_{it} = c + \Delta CoVaR_{it-1} + VaR_{it} + asset_{it} + nii_{it} + loan_{it} +$$
$$mismatch_{it} + mb_{it} + npl_{it} + gdp_{it} + u_{it} \tag{6-2}$$

由于滞后因变量 $\Delta CoVaR_{it-1}$ 与误差项相关，普通最小二乘估计（OLS）、随机效应（RE）和固定效应（FE）估计等方法的参数估计结果往往是有偏的，因而我们采用 Arellano 和 Bover（1995）、Blundell 和 Bond（1998）的系统

GMM 估计方法来估计上述动态面板数据模型。系统 GMM 估计方法能够通过一阶差分解决变量不稳定性问题，通过工具变量解决内生性问题，通过引入滞后因变量解决序列相关问题。式（6-2）动态面板数据模型的系统 GMM 估计结果如表 6-6 "模型4" 所示。我们发现，银行在险价值、资产规模、贷款比率、期限错配、市账比、不良贷款率等个体特征因素和 GDP 增长率等宏观经济因素是影响中国上市商业银行系统性金融风险贡献的主要因素。具体而言，银行自身的在险价值越大，即银行自身的个体风险越大，其系统性金融风险贡献越大；银行的资产规模越大，其系统性金融风险贡献越大；银行的贷款比率越高，即银行的业务复杂性越低，其相应的系统性金融风险贡献越低；银行资产的期限错配程度越高，其系统性金融风险贡献越大；银行市值与账面价值之比越高，其系统性金融风险贡献越大；银行的不良贷款率越高，其系统性金融风险贡献越大；银行的系统性金融风险贡献会随着经济增长率的增加而降低。

表 6-6　　　　　系统性金融风险贡献影响因素分析的估计结果

变量	模型 1	模型 2	模型 3	模型 4
$\Delta CoVaR_{-1}$	—	—	—	0.101
				(1.29)
VaR	0.523 ***	0.559 ***	0.573 ***	0.510 ***
	(14.65)	(12.89)	(16.81)	(11.52)
$asset$	-1.093 ***	0.028	-0.027	0.189 ***
	(-5.65)	(0.36)	(-0.37)	(3.38)
$deposit$	-1.693	1.020		
	(-0.95)	(0.49)		
$loan$	-2.150 **	-0.373	0.122	-2.078 **
	(-2.00)	(-0.40)	(0.14)	(-2.77)
de	-0.044 ***	-0.009		
	(-3.18)	(-0.57)		
nii	0.507	-0.457	-0.420	0.051
	(0.62)	(-0.52)	(-0.50)	(0.04)
car	-0.067 ***	0.024		
	(-2.97)	(0.96)		
$mismatch$	4.049 **	1.020	2.585 ***	1.990 ***
	(2.24)	(0.47)	(3.17)	(3.26)
mb	-4.564 ***	-0.363	-0.790	1.749 *
	(-3.14)	(-0.24)	(-0.68)	(1.93)

续表

变量	模型 1	模型 2	模型 3	模型 4
npl	0.543 ***	0.624 ***	0.724 ***	0.365 *
	(4.69)	(4.97)	(6.27)	(2.06)
roa	-0.292 ***	-0.049		
	(-2.66)	(-0.43)		
gdp	-0.506 ***	-0.430 **	-0.071 *	-0.081 ***
	(-3.46)	(-2.37)	(-2.11)	(-3.19)
house	0.068 *	0.094 *		
	(1.78)	(1.92)		
liquidity	0.005	-0.249 **		
	(0.05)	(-2.23)		
常数项	31.599	-0.249 **	-0.342 ***	-5.014 ***
	(4.60)	(-2.23)	(-0.17)	(-3.65)
R^2	0.297	0.855	0.823	—

注：① ***、** 和 * 分别表示相应的估计系数在 1%、5% 和 10% 的显著性水平下显著；②括号内的数值表示与估计系数相对应的 t 值或 z 值。

7. 中国银行业系统性金融风险的宏观审慎监管

正如前文所言，宏观审慎监管是防范系统性金融风险的良药。宏观审慎监管需要从两个维度来关注和解决系统性金融风险：一是宏观审慎监管应该在时间维度上关注系统性金融风险的动态演化过程，其重点是推进逆周期资本监管，建立逆周期资本缓冲，其目的是缓解金融体系的顺周期性；二是宏观审慎监管应该在横截面维度上关注任意时点上系统性金融风险在整个金融系统的分布特征，其重点是推进对系统重要性机构、市场和产品的监管，其目的是弱化或减少金融系统内部潜在的关联性，进而降低系统性金融风险的集中度。针对当前中国银行业系统性金融风险反弹的严峻形势，结合我国银行业发展与监管的现状及其国际金融危机后国际金融监管改革的经验，该部分尝试从基础设施、动态监测、资本监管、存款保险制度、生前遗嘱制度与危机救助等方面提出中国银行业系统性金融风险宏观审慎监管的相关政策建议。

7.1 建立和完善银行业宏观审慎监管的基础设施

根据中国银行业的现状和宏观审慎监管的需要，我们建议在如下六个方面来建立和完善中国银行业宏观审慎监管的基础设施。一是从宏观审慎的视角合理设计强制性信息披露的内容和信息披露机制，如理财产品和信贷资产证券化产品等相关信息。这有利于监管当局和存款者等市场参与者全面了解相关信息，在减少对信用评级机构依赖的基础上能够作出自己独立的信用判断，也有利于保护存款者等消费金融者的合法权益。二是要建立和完善全面、统一和共享的包含银行业在内的金融业综合统计体系，以拓宽金融统计数据的覆盖范围和获取渠道。三是在金融业综合统计体系建设的基础上，建立包含宏观经济等实体经济信息在内的统一、及时和完整的数据搜集、处理和共享的信息平台，如不良贷款率、市场流动性、信贷资产证券化的权益留存比率和抵押扣减率等。这有利于中国银行保险监督管理委员会等金融监管部门及时了解和动态评估中国银行业的运行态势，为其宏观审慎监管决策提供有效依据。四是中国人民银行和中国银行保险监督管理委员会等金融监管部门应该基于宏观审慎的视角研究和完善相关的信息发布机制和沟通机制，合理引导公众预期和稳定市场信心。五是在推进银行业信贷资产证券化的同时，应该逐步推进银行业信贷资产证券化产品的合约标准化、交易集中化和清算集中化。这在提升信贷资产证券化产品透明度的同时，能够有效缓解交易对手风险等证券化产品的交易风险。六是需要制定相应的金融机构破产清算条例，为银行等金融机构的有序破产清算和市场退出提供法律保障。

7.2　银行业系统性金融风险的动态监测

系统性金融风险的动态监测首先要建立和完善适合中国国情的系统性金融风险的测度、监测、评估体系。正如 Bisias 等（2012）等学者所言，系统性金融风险的测度和评估方法正处在早期探索阶段，尚需要进一步完善和发展。它们不仅需要得到经济金融及统计相关理论的验证，也需要得到宏观审慎监管实践的检验和反馈。我们在本书的第四章和第五章构建的动态系统性金融风险与系统性金融风险贡献的测度方法和后验分析框架为我国系统性金融风险的动态监测提供了一种可行的方法。

在系统性金融风险测度、监测和评估体系建立和完善的基础上，我们认为，应该在如下三个方面做好银行业系统性金融风险的动态监测：一是监测银行系统内部系统性金融风险的动态演化情况及其同一时点上系统性金融风险在银行系统内部的分布情况；二是要监测宏观经济运行态势、房地产、影子银行体系和地方政府债务平台等潜在的银行业系统性金融风险触发点对中国银行业系统性金融风险的溢出效应和动态影响；三是需要动态监测和评估跨行业、跨市场和跨境金融风险对银行业系统性金融风险的潜在溢出效应。

7.3　宏观审慎的资本监管

为了提高银行业的资本质量和增强资本吸收损失的能力，中国银行业可以借鉴《巴塞尔协议Ⅲ》等国际资本监管改革的成果，根据中国经济运行和银行业的实际情况，构建如下的宏观审慎资本监管框架：一是提高普通股在风险加权资产中的比重，使商业银行的资本充足率水平位于最低监管标准之上；二是在最低资本充足率要求的基础上，银行应该保留适当比例的资本留存缓冲，以更好地应对潜在的经济金融冲击；三是根据银行信贷增长和其他能够反映银行业系统性金融风险累积的指标设定适当比例的逆周期资本缓冲，使其在经济上行阶段累积更多的资本缓冲并在经济下行阶段予以释放，以缓解银行信贷的顺周期性对银行体系稳定性的冲击；四是鉴于系统重要性银行对银行业系统性金融风险的潜在影响，可以对系统重要性银行设定适当比例的系统重要性资本附加，以促进其系统性金融风险贡献内部化和增强其应对系统性金融风险的能力；五是可以尝试探索建立以应急可转换资本债券（Contingent Convertible Capital）为核心的应急资本机制，即在发行银行陷入经营困境或无法持续经营时，其发行的应急可转资本债券可按事先约定条款部分或全部自动销债或直接转化为普通股，以减轻该应急可转换资本债券发行银行的债务负担或增强其资本，增强其损失吸收能力。

7.4　存款保险制度与生前遗嘱制度

为了防范银行业系统性金融风险和避免中央银行等金融监管机构在危机救助过程中陷入"被迫进行没有成本底线的危机救助"的困境，我们建议在完善现有存款保险制度的基础上，建立和完善中国银行业的生前遗嘱制度，以期为银行等金融机构的有序退出和系统性金融风险的处置创造条件。

存款保险制度有利于在银行出现危机的情况下保护存款人的权益，增强存款者等市场参与者的信心，避免他们因过度恐慌和反应而发生挤兑。同时，存款保险制度也是银行等金融机构在危机阶段有序破产和清算的必要前提。正如中国人民银行 2015 年 2 月 17 日发布的《存款保险条例》所言，存款保险费率由基准费率和风险差别费率构成。存款保险基金管理机构在确定各投保机构适用的风险差别费率时，除了考虑存款结构等因素外，我们建议，进一步考虑相应投保机构的系统性金融风险贡献水平等其他因素。

"生前遗嘱"又称"恢复与处置计划"，其设立的目的是银行等金融机构在出现危机的情况下能够通过分拆、清算等方法自行解决问题，从而有利于避免中央银行等金融监管机构陷入"被迫进行没有成本底线的危机救助"的困境和防范系统性金融风险。通常而言，"生前遗嘱"包含"恢复计划"和"处置计划"两部分。前者是以银行等金融机构自身面临困境为前提而制定的，其实施主体是银行等金融机构自身。处置计划是银行等金融机构恢复自救无望濒临破产为前提制定的，它赋予处置当局相应的处置权力使得其自身的处置变得平稳有序，而不至于引致系统性金融风险。我们建议，中国银行业在推进存款保险制度建设的同时，逐步引入生前遗嘱制度，同时在中国人民银行设置相应的清算处置管理机构专司银行等金融机构的破产处置工作。

7.5　危机救助

在银行等金融机构面临困境的时候，为了避免出现金融恐慌，中国人民银行应该履行央行的"最后贷款人"职责，及时向濒临破产的银行等金融机构发放贷款，协助其"生前遗嘱"中"恢复计划"的实施。必要时，可以向相应的金融市场注入适当的流动性。为了避免陷入"被迫进行没有成本底线的危机救助"困境，中国人民银行应该要求进行贷款的银行等金融机构提供充足的抵押品。

在银行等金融机构无法提供充足的抵押品，且该银行破产倒闭有可能诱发系统性金融风险的情况下，中国人民银行或财政部可以借鉴美国此次国际金融危机救助的"问题资产救助计划"，购买和剥离相应金融机构的问题资产，从而对其进行相应的救助。

充分履行最后贷款人职责后，濒临破产的银行等金融机构通过实施"生前遗嘱"中"恢复计划"仍不能摆脱困局，且其有序破产处置对金融稳定影响有限的情形下，中国人民银行等金融监管机构可以在"生前遗嘱"中"处置计划"的授权下进行该金融机构的有序破产处置工作，同时存款保险基金管理机构对该金融机构的存款人履行受保存款的承保职责，以维护存款者的合法权益。如果濒临破产的是金融控股集团，可以借鉴美国等国家金融监管改革的做法，在有序破产处置工作中采用"单一入口法"，即仅对濒临破产的金融集团的控股母公司进行接管，同时将该母公司的资产转移到相应的过桥持股公司；在该过桥持股公司中，原破产母公司的所有者权益和不受存款保险制度保险的债权被相应减记；在特殊情况下，有序破产清算管理机构等金融监管机构可以通过注资等方式给该过桥持股公司提供临时的流动性支持，在其正常运转后，可以通过资产出售等方式予以退出。

8. 研究结论及潜在的研究方向

2008 年爆发的国际金融危机充分地暴露了当前金融监管体系对系统性金融风险监管的缺失，凸显了识别、监测、评估和防范系统性金融风险的重要性。在此次全球反思金融监管的浪潮中，防范系统性金融风险，构建宏观审慎政策体系，促进宏观审慎监管与微观审慎监管的有机结合已经成为国际货币基金组织和金融稳定理事会等国际组织和美国、英国以及欧盟等国家和地区金融监管改革的核心内容。自 2012 年底以来，中国政府和中国人民银行等金融监管当局多次强调要"坚决守住不发生系统性金融风险的底线"。党的十九大报告明确指出，要健全金融监管体系，守住不发生系统性金融风险的底线。2017年 12 月 18—20 日召开的中央经济工作会议在确定今后 3 年要重点抓好决胜全面建成小康社会的防范化解重大风险、精准脱贫和污染防治三大攻坚战的基础上，强调打好防范化解重大风险攻坚战的重点在于防控金融风险。李稻葵（2012）指出，中国最大的系统性金融风险在银行。2013 年 6 月，中国商业银行经历了一次前所未有的"钱荒"，这是中国近年来最突出的系统性金融风险事件。在对系统性金融风险内涵、生成机理、测度和防范等方面的国内外研究文献进行梳理的基础上，本书基于"生成机理分析—系统性金融风险测度—后验分析—宏观审慎分析—宏观审慎监管探讨"的逻辑脉络对中国银行业的系统性金融风险进行了系统研究，相应的研究结论如下：

通过对经济下行、房地产价格泡沫、影子银行体系、地方政府债务、人民币国际化与国际资本流动等方面对中国银行业系统性金融风险潜在传递路径的定性分析，本书认为中国银行业系统性金融风险的整体态势比较严峻，存在着反弹的风险，不良贷款可能成为中国银行业系统性金融风险的"管涌"。在房地产价格泡沫的分析中，本书借鉴 Campbell 和 Shiller（1987，1988）、Costello 等（2011）及王锦阳和刘锡良（2014）等学者的研究成果，构建了既包含房地产报酬率时变性，又包含房地产报酬率风险溢价因子的房地产基本价值模型；通过对北京、天津、上海和重庆四个直辖市住宅房地产市场的实证考察，我们发现该房地产基本价值模型有效捕捉了这四个直辖市真实住宅价格的动态演化特征。这表明，"城镇人均可支配收入的持续增长"和"高通货膨胀率引致的低真实利率"是推动房地产基本价值持续上涨，进而真实房地产价格持续上涨的两个重要因素。在影子银行体系的分析中，本书在借鉴 Gorton 和 Metrick（2009，2012）、李波和伍戈（2011）等学者的研究成果的基础上，同时考虑权益留存比率和抵押扣减率横向异质性和纵向时变性，从金融机构的视角探讨了影子银行体系的信用创造机制；通过比较静态分析和与传统商业银行对比的方法，我们发现，影子银行体系的信用创造机制存在内在的不稳定性，具体表现在融资脆弱性、信用媒介信息敏感性和杠杆周期性等三方面。这为中国银行业系统性金融风险整体态势的分析，乃至后续章节中国银行业系统性金融风险的防范和宏观审慎监管提供了相应的理论依据。

为了捕捉银行等金融机构与银行业等金融系统潜在的非线性、非对称相依结构，本书利用 Copula 相依结构理论对 Adrian 和 Brunnermeier（2016）、Girardi 和 Ergün（2013）等学者首创和改进的条件在险价值 CoVaR 测度方法进行扩展，以得到适用于不同类型常参数和时变参数 Copula 相依结构函数及不同分布假设的动态系统性金融风险与系统性金融风险贡献测度的理论模型，并实证测度了以 14 家中国上市商业银行为代表的中国银行业的动态系统性金融风险与系统性金融风险贡献。在以中国 14 家上市商业银行为样本的实证研究中，我们发现，中国上市商业银行和中国银行业收益率序列之间的相依结构呈现多样化特征；无论是样本内还是样本外预测区间，该动态系统性金融风险测度 CoVaR 均有效捕捉了上市商业银行在国际金融危机、中国"钱荒"和"股灾"等典型系统性金融风险事件的系统性金融风险特征。这在经验证据层面验证了本书构建和扩展的动态系统性金融风险进而系统性金融风险贡献理论测度模型的准确性与应用价值。

后验分析是确保系统性金融风险与系统性金融风险贡献等风险测度模型准确性与应用价值的重要环节和必备步骤。然而，除 Jiang（2012）、Girardi 和 Ergün（2013）及 Banulescu 等（2016）外，关于系统性金融风险测度的现有文献基本没有涉及后验分析。本书在借鉴 Kupiec（1995）、Christoffersen（1998）及 Girardi 和 Ergün（2013）等学者研究成果的基础上，构建了适用于本书上述构建和扩展的动态系统性金融风险测度模型的严谨后验分析框架。与 Girardi 和 Ergün（2013）及 Banulescu 等（2016）不同，我们认为，严谨的后验分析不仅需要检验系统性金融风险测度 CoVaR，也需要检验系统性金融风险测度中条件事件的临界值 VaR；它们的"碰撞序列"，即系统性金融风险测度 CoVaR 的"碰撞序列"和"条件碰撞序列"，应该分别满足"无条件覆盖性""独立性"和"条件覆盖性"。此外，本书还首次提出了该动态系统性金融风险测度 CoVaR 的碰撞序列与条件碰撞序列"混合独立性"的后验分析假设。在 5% 的显著性水平下，14 家上市商业银行在样本内的动态系统性金融风险测度 CoVaR 均有效满足了后验分析所需的统计性质；除中信银行和宁波银行等 4 家银行外，其他上市商业银行在样本外预测区间的动态系统性金融风险测度 CoVaR 也都有效满足了后验分析的统计性质。这在后验分析层面验证了该动态系统性金融风险进而系统性金融风险贡献理论测度模型的准确性与应用价值。同时，我们发现，在系统性金融风险测度 CoVaR 的后验分析中，如果仅仅对 CoVaR 的"条件碰撞序列"进行后验分析，而不对 CoVaR 的"碰撞序列"，即条件事件临界值 VaR 的碰撞序列，进行后验分析，可能会导致错误的结论。这验证和说明了我们构建的后验分析工具的正确性。

基于 14 家中国上市商业银行系统性金融风险贡献的测度结果，我们发现，这 14 家上市商业银行在 2008 年国际金融危机、2013 年 6 月中国"钱荒"和 2015 年 6 月中国"股灾"等典型系统性金融风险事件期间的系统性金融风险贡献要明显高于其他样本期间。以这 14 家上市商业银行为代表的中国银行业的动态系统性金融风险在样本期间的动态演化过程呈现"U"形特征。具体而言，受 2008 年国际金融危机的影响，中国银行业的系统性金融风险非常高，在整个样本期间居于高位状态；在"四万亿"经济刺激计划的影响下，中国银行业的系统性金融风险快速下降；随着经济的复苏，中国银行业的系统性金融风险达到样本期间的最低点，并在 2012 年后开始持续反弹。这与我们在第三章中国银行业系统性金融风险整体态势分析的研究结论是一致的。同时，本书发现，这 14 家中国上市商业银行系统性金融风险贡献的年度动态排序结果在一定的样本时期内具有相对稳定性。银行在险价值、资产规模、贷款比率、期限错配、市账比、不良贷款率和 GDP 增长率是影响中国上市商业银行系统性金融风险贡献的主要因素。

最后，针对当前中国银行业系统性金融风险反弹的严峻形势，本书从基础设施、动态监测、资本监管、存款保险制度、生前遗嘱制度与危机救助等五个方面提出中国银行业系统性金融风险宏观审慎监管的相关政策建议，以期为中国政府和监管当局进行中国银行业系统性金融风险的防范和宏观审慎监管提供相应的决策参考。

我们认为，本书可能需要在如下两个问题作出说明。问题一是能否以上市商业银行来代表中国银行业。正如第四章所言，本书以中国上市商业银行作为研究对象来考察中国银行业的系统性金融风险与系统性金融风险贡献，主要有如下原因：一是中国目前是以银行业为主导的金融体系，银行业的资产规模在整个金融体系中具有绝对支配地位；从规模和利润看，中国上市商业银行资产总和与净利润总和占中国银行业资产总和与净利润总和的 80% 以上；从样本类型看，中国上市商业银行不仅包括大型商业银行和股份制商业银行，而且还包括城市商业银行，因此本书选择中国上市商业银行作为样本可以在一定程度上代表中国银行业。二是数据可得性。我们在 4.2 节构建的动态系统性金融风险与系统性金融风险贡献测度的理论模型是以金融机构和金融系统的收益率序列为基础的，因而需要选择上市商业银行的股价收益率序列和银行业的收益率序列进行中国银行业系统性金融风险与系统性金融风险贡献的测度与实证分析。事实上，运用基于市场数据来研究中国银行业系统性金融风险的现有研究文献，如肖璞等（2012）、吴恒煜等（2013）及白雪梅和石大龙（2014）等，都是选择中国上市商业银行的股价数据来研究中国银行业系统性金融风险的。

问题二是上市商业银行的股价变化是否有效包含中国银行业系统性金融风险状况的相关信息。正如 Huang 等（2009）和肖璞等（2012）等学者所言，银行等金融机构的股价变化在一定程度上能够及时反映当前资产价格变化的风险及其资产的流动性风险，体现了市场对其未来表现的预期及其系统性金融风险在时间维度上的变化，具有较强的前瞻性与实效性。第四章"以 14 家中国上市商业银行为代表的中国银行业的动态系统性金融风险与系统性金融风险贡献的测度结果有效捕捉了中国银行业在 2008 年国际金融危机爆发和 2013 年 6 月中国'钱荒'等典型风险事件期间的系统性金融风险特征、中国工商银行和中国银行等系统重要性银行在样本期间具有最大系统性金融风险贡献的事实特征"的研究结论在一定程度上表明，中国上市商业银行的股价变化有效包含中国银行业系统性金融风险状况的相关信息。

正如第一章绪论部分需要改进之处所言，我们认为可以在如下两方面进行进一步的研究。

一是在中国银行业系统性金融风险的生成机理部分，不仅需要关注经济新常态与经济下行、房地产价格泡沫、影子银行体系和地方政府债务等潜在的国内"灰犀牛"视角，也需要关注"人民币国际化与国际资本流动""经济全球化与贸易保护主义"等潜在的国际"灰犀牛"视角；同时，还需要进一步关注这些潜在"灰犀牛"视角在中国银行业系统性金融风险潜在生成过程中的相互作用机制与互动关系。

　　二是在中国银行业系统性金融风险量化分析部分，无论是系统性金融风险的测度和后验分析，还是系统性金融风险的实证分析，本书成果都聚焦在条件在险价值 CoVaR 这一系统性金融风险测度方法上。我们将在后续的研究中，进一步尝试系统性预期损失（Systemic Expected Shortfall，SES）、成分预期损失（Component Expected Shortfall，CES）和系统性金融风险指数（SRISK）等其他系统性金融风险测度方法，作为中国银行业系统性金融风险量化分析部分的补充，以期与现有研究成果在中国银行业系统性金融风险量化分析部分的结论形成相互印证。

参 考 文 献

[1] 阿克洛夫·希勒. 动物精神 [M]. 黄志强, 译. 北京: 中信出版社, 2009.

[2] 巴曙松, 居姗, 朱元倩. SCCA 方法与系统性金融风险度量 [J]. 金融监管研究, 2013 (3): 1–12.

[3] 白雪梅, 石大龙. 中国金融体系的系统性金融风险度量 [J]. 国际金融研究, 2014 (6): 75–85.

[4] 陈守东, 王寅, 王婷. 系统性金融风险及其防范对策研究 [J]. 社会科学战线, 2013 (12): 226–228.

[5] 陈雨露, 马勇. 构建中国的"金融失衡指数": 方法及在宏观审慎中的应用 [J]. 中国人民大学学报, 2013 (1): 59–71.

[6] 董青马. 开放条件下银行系统性金融风险生成机制研究 [D]. 成都: 西南财经大学, 2008.

[7] 范小云, 方意, 王道平. 我国银行系统性风险的动态特征及系统重要性银行甄别 [J]. 金融研究, 2013 (11): 82–95.

[8] 范小云, 王道平, 刘澜飚. 规模、关联性与中国系统重要性银行的衡量 [J]. 金融研究, 2012 (11): 16–30.

[9] 高国华. 逆周期资本监管框架下的宏观系统性金融风险度量与风险识别研究 [J]. 国际金融研究, 2013 (3): 30–40.

[10] 宫小琳, 卞江. 中国宏观金融中的国民经济部门间传染机制 [J]. 经济研究, 2010 (7): 79–90.

[11] 辜胜阻. 防范地方政府债务风险亟须深化改革 [N]. 人民政协报, 2015–03–09 (5).

[12] 郭卫东. 中国上市银行的系统重要性评估——基于指标法的实证分析 [J]. 当代经济科学, 2013 (3): 28–35.

[13] 国际货币基金组织. 中国宏观经济发展与政策报告 [M]. 2014.

[14] 何德旭, 郑联盛. 影子银行体系与金融体系稳定性 [J]. 经济管理, 2009 (11): 20–25.

[15] 黄孝武, 唐毅. 宏观审慎监管理论研究新进展 [J]. 财经问题研究, 2012 (5): 11–17.

[16] 贾彦东. 金融机构的系统重要性分析——金融网络中的系统性金融风险衡量与成本分担 [J]. 金融研究, 2011 (10): 17–33.

［17］李波，伍戈．影子银行的信用创造功能及其对货币政策的挑战［J］．金融研究，2011（12）：77－84．

［18］李佳．流动性周期对系统性金融风险的影响路径研究［J］．现代经济探讨，2013（9）：63－67．

［19］李建军，薛莹．中国影子银行部门系统性金融风险的形成、影响与应对［J］．数量经济技术经济研究，2014（8）：117－130．

［20］李文泓．关于宏观审慎监管框架下逆周期政策的探讨［J］．金融研究，2009（7）：7－24．

［21］梁云芳，高铁梅．中国房地产价格波动区域差异的实证分析［J］．经济研究，2007（6）：133－142．

［22］刘春航，朱元倩．银行业系统性金融风险度量框架的研究［J］．金融研究，2011（12）：85－99．

［23］刘吕科，张定胜，邹恒甫．金融系统性金融风险衡量研究最新进展述评［J］．金融研究，2012（11）：31－43．

［24］刘锡良．维护国家金融安全的重大举措［N］．中国教育报，2014－02－28．

［25］刘晓星，段斌，谢福座．股票市场风险溢出效应研究：基于 EVT－Copula－CoVaR模型的分析［J］．世界经济，2011（11）：145－159．

［26］李志辉，李源，李政．中国银行业系统性风险监测研究——基于 SCCA 技术的实现与优化［J］．金融研究，2016（3）：92－106．

［27］陆岷峰，陶瑞．中国商业银行的系统性金融风险形成机理与应对［J］．南都学坛（人文社会科学学报），2014（1）：100－107．

［28］陆晓明．中美影子银行系统比较分析和启示［J］．国际金融研究，2014（1）：55－63．

［29］马君潞，范小云，曹元涛．中国银行市场间双边传染的风险估测及其系统性特征分析［J］．经济研究，2007（1）：68－78．

［30］马勇．系统性金融风险：一个经典注释［J］．金融评论，2011（4）：1－17．

［31］潘功胜．中国银行业改革回顾与前瞻［N］．21 世纪经济报道，2012－06－04．

［32］邵宇．影子银行：国际图景及中国形态（上）［J］．金融发展评论，2013a（8）：25－40．

［33］邵宇．影子银行：国际图景及中国形态（下）［J］．金融发展评论，2013b（9）：48－84．

［34］沈悦，戴士伟，罗希．中国金融业系统性金融风险溢出效应测度——基于 GARCH－Copula－CoVaR 模型的研究［J］．当代经济科学，2014（6）：30－38．

［35］苏明政，张庆君，赵进文．我国上市商业银行系统重要性评估与影响因素研究——基于预期损失分解的视角［J］．南开经济研究，2013（3）：110－122．

［36］隋聪，迟国泰，王宗尧．网络结构与银行系统性金融风险［J］．管理科学学报，

2014（4）：57 - 70.

[37] 童牧，何奕．复杂金融网络中的系统性金融风险与流动性救助——基于中国大额支付系统的研究［J］．金融研究，2012（9）：20 - 33.

[38] 王达．论美国影子银行体系的发展、运作、影响及监管［J］．国际金融研究，2012（1）：35 - 43.

[39] 王广龙，熊利平，王连猛．SRISK 系统性金融风险测算方法、结果及评述［J］．投资研究，2014（4）：63 - 73.

[40] 王维．房地产基础价值及其泡沫类型解析——以上海市为例［J］．经济学家，2009（7）：18 - 24.

[41] 王晓枫，廖凯亮，徐金池．复杂网络视角下银行同业间市场风险传染效应研究［J］.经济学动态，2015（3）：71 - 81.

[42] 王妍，陈守东．尾部极值分布下的系统性金融风险度量及其影响因素分析［J］.数理统计与管理，2014（6）：1010 - 1020.

[43] 王永巧，刘诗文．基于时变 Copula 的金融开放与风险传染［J］．系统工程理论与实践，2011（4）：778 - 784.

[44] 王勇．警惕不良贷款成为系统性金融风险的"管涌"［N］.上海金融报，2014 - 08 - 12.

[45] 王兆星．资本监管制度变革——国际金融监管改革系列谈之二［J］．中国金融，2013a（13）：31 - 34.

[46] 王兆星．首次建立国际统一的流动性监管标准——国际金融监管改革系列访谈之三［J］．中国金融，2013b（14）：19 - 21.

[47] 王兆星．为资产证券化和金融衍生产品设栅栏——国际金融监管改革系列访谈之五［J］．中国金融，2013c（16）：37 - 40.

[48] 王兆星．影子银行的阳光化——国际金融监管改革系列访谈之六［J］．中国金融，2013d（17）：17 - 20.

[49] 韦艳华，张世英．Copula 理论及其在金融分析上的应用［M］．北京：清华大学出版社，2008.

[50] 吴恒煜，胡锡亮，吕江林．我国银行业系统性金融风险研究——基于拓展的未定权益分析法［J］．国际金融研究，2013（7）：85 - 96.

[51] 肖斌卿，王粟旸，周小超，颜建晔．债务网络、投资者行为与传染风险：来自中国银行业与房地产业的研究发现［J］．管理科学学报，2014（11）：139 - 150.

[52] 肖璞，刘轶，杨苏梅．相互关联性、风险溢出与系统重要性银行识别［J］．金融研究，2012（12）：96 - 106.

[53] 肖崎．金融体系的变革与系统性金融风险的累积［J］．国际金融研究，2010（8）：53 - 58.

[54] 谢平，邹传伟．金融危机后有关金融监管改革的理论综述［J］．金融研究，

2010（2）：1 – 17.

　　[55] 许涤龙，陈双莲. 基于金融压力指数的系统性金融风险测度研究 [J]. 经济学动态，2015（4）：69 – 78.

　　[56] 颜永嘉. 影子银行体系的微观机理和宏观效应—— 一个文献综述 [J]. 国际金融研究，2014（7）：46 – 53.

　　[57] 易宪容. 美国次贷危机的信用扩张过度的金融分析 [J]. 国际金融研究，2009（12）：14 – 23.

　　[58] 余永定，马骏，哈继铭等. 也论经济危机的可能触发点 [J]. 国际经济评论，2014（4）：9 – 20.

　　[59] 袁增霆. 流动性恐慌的现象与根源 [J]. 中国金融，2013（14）：28 – 30.

　　[60] 张健华，贾彦东. 宏观审慎政策的理论与实践进展 [J]. 金融研究，2012（1）：20 – 35.

　　[61] 张茉楠. 重视中国金融风险传导的五大渠道 [N]. 中国经营报，2014 – 06 – 02.

　　[62] 张茉楠. 金融系统性金融风险不可小觑 [N]. 中国证券报，2014 – 05 – 21.

　　[63] 张启阳. 韩国央行宏观审慎政策系统性金融风险评估模型及对我国的启示 [J]. 金融发展评论，2013（10）：78 – 83.

　　[64] 张晓朴. 系统性金融风险研究：演进、成因与监管 [J]. 国际金融研究，2010（7）：58 – 67.

　　[65] 张晓玫，毛亚琪. 我国上市商业银行系统性金融风险与非利息收入研究 [J]. 国际金融研究，2014（11）：23 – 35.

　　[66] 张雪兰，何德旭. 逆周期宏观审慎监管工具的有效性：国外文献评述 [J]. 国外社会科学，2014（7）：52 – 69.

　　[67] 张尧庭. 连接函数（Copula）技术与金融风险分析 [J]. 统计研究，2002（4）：48 – 51.

　　[68] 张怡. 金融体系系统性金融风险研究——基于 SIFIs 的视角 [D]. 沈阳：辽宁大学，2014.

　　[69] 赵进文，韦文彬. 基于 MES 测度我国银行业系统性金融风险 [J]. 金融监管研究，2012（8）：28 – 40.

　　[70] 钟震. 宏观审慎监管相关研究综述 [J]. 经济理论与经济管理，2012（7）：49 – 55.

　　[71] 周京奎. 房地产泡沫生成与演化——基于金融支持过度假说的一种解释 [J]. 财贸经济，2006（5）：3 – 10.

　　[72] 周莉萍. 影子银行体系的信用创造机制、效应和应对思路 [J]. 金融评论，2011（4）：37 – 53.

　　[73] 周莉萍. 论影子银行体系国际监管的进展、不足和出路 [J]. 国际金融研究，2012（1）：44 – 53.

［74］周小川．金融政策对金融危机的响应——宏观审慎政策框架的形成背景、内在逻辑和主要内容［J］．金融研究，2011（1）：1－14.

［75］周小川．金融危机中关于救助问题的争论［J］．金融研究，2012（9）：1－19.

［76］朱波，卢露．我国上市银行系统重要性度量及其影响因素［J］．财经科学，2014（12）：39－50.

［77］朱元倩，苗雨峰．关于系统性金融风险度量和预警的模型综述［J］．国际金融研究，2012（1）：79－88.

［78］Acharya, V. V. , Pedersen, L. H. , Philippon, T. , & Richardson, M. , 2017："Measuring systemic risk", *The Review of Financial Studies*, 30（1）, 2－47.

［79］Acharya, V. V. , Pedersen, L. , Philippon, T. , & Richardson, M. , 2010："A Tax on Systemic Risk", NBER Working Paper.

［80］Acharya, V. , 2009："A Theory of Systemic Risk and Design of Prudential Bank Regulation", *Journal of Financial Stability*, 5（3）, 224－255.

［81］Adrian, T. & Ashcraft, A. B. , 2012："Shadow Banking：A Review of the Literature", Federal Reserve Bank of New York Staff Report, No. 580.

［82］Adrian T. & Brunnermeier M K. , 2016："CoVaR", The American Economic Review, 106, 1705－1741.

［83］Adrian, T. , Ashcraft, A. B. & Cetorelli, N. , 2013："Shadow Banking Monitoring", Federal Reserve Bank of New York Staff Report, No. 638.

［84］Allen, F. & Gale, D. , 2000："Financial Contagion", *Journal of Political Economy*, 108（1）, 1－34.

［85］Ang, A. , & Chen, J. , 2002："Asymmetric Correlations of Equity Portfolios", *Journal of Financial Economics*, 63（3）, 443－494.

［86］Arellano, M. , & Bover, O. , 1995："Another Look at the Instrumental Variable Estimation of Error－components Models", *Journal of Econometrics*, 68（1）, 29－51.

［87］Banulescu, G. D. , & Dumitrescu, E. I. , 2015："Which are the SIFIs? A Component Expected Shortfall Approach to Systemic Risk", *Journal of Banking & Finance*, 50, 575－588.

［88］Basel Committee on Banking Supervision, 2011："Global Systemically Important Banks：Assessment Methodology and the Additional Loss Absorbency Requirement".

［89］Bernanke, B. , 2009："A Letter to Sen. Bob Corke LNJ", *The Wall Street Journal*.

［90］Billio, M. , Getmansky, M. , Lo, A. W. & Pelizzon, L. , 2012："Econometric Measures of Connectedness and Systemic Risk in the Finance and Insurance Sectors", *Journal of Financial Economics*, 104（3）, 535－559.

［91］Bisias, D. , Flood, M. , Lo, A. W. & Valavanis, S. , 2012："A Survey of Systemic Risk Analytics", Office of Financial Research Working Paper, No. 1.

［92］Black, F. , & Scholes, M. , 1973："The Pricing of Options and Corporate Liabilities",

The Journal of Political Economy, 637 – 654.

[93] Black, A., Fraser, P. & Hoesli, M., 2006: "House Prices, Fundamentals and Bubbles", *Journal of Business Finance & Accounting*, 33 (9), 1535 – 1555.

[94] Blundell, R., & Bond, S., 1998: "Initial Conditions and Moment Restrictions in Dynamic Panel Data Models", Journal of Econometrics, 87 (1), 115 – 143.

[95] Borio, C., 2003: "Towards a Macroprudential Framework for Financial Supervision and Regulation?", CESifo Economic Studies, 49 (2), 181 – 215.

[96] Borio, C., 2009: "Implementing the Macroprudential Approach to Financial Regulation and Supervision", Banque de France Financial Stability Review, No. 13.

[97] Boyer, B. H., Gibson, M. S., & Loretan, M., 1999: "Pitfalls in tests for changes in correlations", In Federal Reserve Boars, IFS Discussion Paper No. 597R.

[98] Brownlees, C., & Engle, R. F., 2016: "SRISK: A Conditional Capital Shortfall Measure of Systemic Risk". *The Review of Financial Studies*, 30 (1), 48 – 79.

[99] Brownlees, C. T., & Engle, R. F., 2012: "Volatility, Correlation and Tails for Systemic Risk Measurement", Available at SSRN 1611229.

[100] Brunnermeier, M. K., Dong, G. N., & Palia, D., 2012: "Banks' Non – interest Income and Systemic Risk", In AFA 2012 Chicago Meetings Paper.

[101] Campbell, S. D., 2005: "A Review of Backtesting and Backtesting Procedures", Divisions of Research & Statistics and Monetary Affairs, Federal Reserve Board.

[102] Campbell, J. Y. & Shiller, R. J., 1987: "Cointegration and Tests of Present Value Models", *Journal of Political Economy*, 95 (5), 1062 – 1088.

[103] Campbell, J. Y. & Shiller, R. J., 1988: "Stock Prices, Earnings and Expected Dividends", *Journal of Finance*, 43 (3), 661 – 676.

[104] Castren, O., & Kavonius, I. K., 2009: "Balance Sheet Interlinkages and Macro – Financial Risk Analysis in the Euro Area", ECB Working Paper, No. 1124.

[105] Chernozhukov, V., & Fernández – Val, I., 2011: "Inference for Extremal Conditional Quantile Models, With an Application to Market and Birthweight Risks", *The Review of Economic Studies*, 78 (2), 559 – 589.

[106] Christoffersen, P., 1998: "Evaluating Interval Forecasts", *International Economic Review*, 39, 841 – 862.

[107] Corrigan, E., 1991: "The Banking – Commercial Controversy Revisited", Quarterly Review (Federal Reserve Bank of New York), 1, 1 – 13.

[108] Costello, G., Fraser, P. & Groenewold, N., 2011: "Houseprices, Non – Fundamental Components and Inter – state Spillovers: the Australian Experience", *Journal of Banking & Finance*, 2011, 35 (3), 653 – 669.

[109] Creal, D., Koopman, S. J., & Lucas, A., 2011: "Generalized Autoregressive Score

Models with Applications", *Journal of Applied Econometrics*, 28 (5), 777 – 795.

[110] Dang, T. V. and Gorton, G. , & Holmström, B. , 2009: "Opacity and the Optimality of Debt for Liquidity Provision", Yale/MIT Working Paper.

[111] Dowd, K. , 2007: "Measuring Market Risk", John Wiley & Sons.

[112] Duffie, D. , Eckner, A. , Horel, G. & Saita, L. , 2009: "Frailty Correlated Default", *Journal of Finance*, 64 (5), 2089 – 2123.

[113] Embrechts, P. , McNeil, A. , & Straumann, D. , 1999: "Correlation: Pitfalls and Alternatives", RISK – LONDON – RISK MAGAZINE LIMITED – , 12, 69 – 71.

[114] Gai, P. , Haldane, A. & Kapadia, S. , 2011: "Complexity, Concentration and Contagion", *Journal of Monetary Economics*, 58 (5), 453 – 470.

[115] Galati, G. , & Moessner, R. , 2013: "Macroprudential Policy – a Literature Review", *Journal of Economic Surveys*, 27 (5), 846 – 878.

[116] Gennaioli, N. , Shleifer, A. & Vishny, R. , 2012: "Neglected Risks, Financial Innovation and Financial Fragility", *Journal of Financial Economics*, 104 (3), 452 – 468.

[117] Gennaioli, N. , Shleifer, A. & Vishny, R. , 2013: "A Model of Shadow Banking", *Journal of Finance*, 68 (4), 1331 – 1363.

[118] Girardi, G. , & Ergün, A. , 2013: "Systemic Risk Measurement: Multivariate GARCH Estimation of CoVaR", *Journal of Banking & Finance*, 37 (8), 3169 – 3180.

[119] Gorton, G. & Metrick, A. , 2009: "Haircuts", National Bureau of Economic Research, No. 15273.

[120] Gorton, G. & Metrick, A. , 2012: "Securitized Banking and the Run on Repo", *Journal of Financial Economics*, 104 (3), 425 – 451.

[121] Gray, D. F. , Merton, R. C. , & Bodie, Z. , 2007: "New Framework for Measuring and Managing Macrofinancial Risk and Financial Stability", National Bureau of Economic Research, No. 13607.

[122] Gray, D. , & Jobst, A. , 2010: "Systemic CCA – A Model Approach to Systemic Risk", In Deutsche Bundesbank/Technische Universität Dresden Conference: Beyond the Financial Crisis: Systemic Risk, Spillovers and Regulation, Dresden.

[123] Hart, O. , & Zingales, L. , 2009: "How to Avoid a New Financial Crisis", Working Paper, University of Chicago.

[124] Huang, X. , Zhou, H. , & Zhu, H. , 2009: "A Framework for Assessing the Systemic Risk of Major Financial Institutions", *Journal of Banking and Finance*, 33 (11), 2036 – 2049.

[125] International Monetary Fund, Financial Stability Board & Bank for International Settlements, 2011: "Macroprudential Tools and Frameworks".

[126] Jiang C. , 2012: "Does Tail Dependence Make a Difference in the Estimation of Systemic Risk? ΔCoVaR and MES", Working Paper.

[127] Jobst, A. A., & Gray, D. F., 2013: "Systemic Contingent Claims Analysis – Estimating Market – Implied Systemic Risk", IMF Working Paper.

[128] Joe, H., 1997: "Multivariate Models and Multivariate Dependence Concepts", CRC Press.

[129] Juri, A., & Wüthrich, M. V., 2002: "Copula Convergence Theorems for Tail Events", *Insurance: Mathematics and Economics*, 30 (3), 405 – 420.

[130] Kupiec, P., 1995: "Techniques for Verifying the Accuracy of Risk Measurement Models", *Journal of Derivatives*, 3, 73 – 84.

[131] Longin, F., & Solnik, B., 2001: "Extreme Correlation of International Equity Markets", *The Journal of Finance*, 56 (2), 649 – 676.

[132] Mainik, G., & Schaanning, E., 2014: "On Dependence Consistency of CoVaR and Some Other Systemic Risk Measures", *Statistics & Risk Modeling*, 31 (1), 49 – 77.

[133] Merton, R. C., 1974: "On the Pricing of Corporate Debt: The Risk Structure of Interest Rates", *The Journal of Finance*, 29 (2), 449 – 470.

[134] Mishkin, F. S., 2011: "Monetary Policy Strategy: Lessons from the Crisis", NBER Working Paper, No. 16755.

[135] Mistrulli, P. E., 2011: "Assessing Financial Contagion in the Interbank Market: Maximum Entropy Versus Observed Interbank Lending Patterns", *Journal of Banking & Finance*, 35 (5), 1114 – 1127.

[136] Nelsen, R. B., 1999: "An introduction to copulas", Springer Science & Business Media.

[137] Nelsen, R. B., 2007: "An introduction to copulas", Springer Science & Business Media.

[138] Nier, E., Yang, J., Yorulmazer, T., & Alentorn, A., 2007: "Network Models and Financial Stability", *Journal of Economic Dynamics and Control*, 31 (6), 2033 – 2060.

[139] Patro, D. K., Qi, M., & Sun, X., 2013: "A Simple Indicator of Systemic Risk", *Journal of Financial Stability*, 9 (1), 105 – 116.

[140] Patton, A. J., 2006: "Modelling Asymmetric Exchange Rate Dependence", *International Economic Review*, 47 (2), 527 – 556.

[141] Patton, A. J., 2009: "Copula – Based Models for Financial Time Series", In Handbook of Financial Time Series (pp. 767 – 785). Springer Berlin Heidelberg.

[142] Patton, A., 2012: "Copula Methods for Forecasting Multivariate Time Series", *Handbook of Economic Forecasting*, 2, 899 – 960.

[143] Plackett, R. L., 1965: "A Class of Bivariate Distributions". *Journal of the American Statistical Association*, 60 (310), 516 – 522.

[144] Pozsar, Z., Adrian, T., Ashcraft, A. B. & Boesky, H., 2010: "Shadow Banking",

Federal Reserve Bank of New York Staff Report, No. 458.

[145] Reinhart, C. M., & Rogoff, K., 2009: "This Time is Different: Eight Centuries of Financial Folly", Princeton University Press.

[146] Segoviano Basurto, M., & Goodhart, C., 2009: "Banking Stability Measures", IMF Working Papers, 1 – 54.

[147] Sklar, M., 1959: "Fonctions de répartition à n dimensions et leurs marges", Université Paris 8.

[148] Upper, C., 2011: "Simulation Methods to Assess the Danger of Contagion in Interbank Networks", *Journal of Financial Stability*, 7 (3), 111 – 125.